Frustração do **Fim do Contrato**

Maria Proença Marinho

2020 © Editora Foco
Autora: Maria Proença Marinho
Editor: Roberta Densa
Diretor Acadêmico: Leonardo Pereira
Revisora Sênior: Georgia Renata Dias
Capa: Leonardo Hermano
Projeto Gráfico e Diagramação: Ladislau Lima e Aparecida Lima
Impressão miolo e capa: GRAFNORTE

Dados Internacionais de Catalogação na Publicação (CIP)

M338f

Marinho, Maria Proença

Frustração do fim do contrato / Maria Proença Marinho. - Indaiatuba, SP : Editora Foco, 2020.

164 p. ; 14cm x 21cm.

Inclui bibliografia e índice.

ISBN: 978-65-5515-104-6

1. Direito. 2. Direito civil. 3. Contrato. I. Título.

2020-1397   CDD 347   CDU 347

Elaborado por Vagner Rodolfo da Silva – CRB-8/9410
Índice para catálogo sistemático:

1. Direito civil 347   2. Direito civil 347

DIREITOS AUTORAIS: É proibida a reprodução parcial ou total desta publicação, por qualquer forma ou meio, sem a prévia autorização da Editora Foco, com exceção do teor das questões de concursos públicos que, por serem atos oficiais, não são protegidas como Direitos Autorais, na forma do Artigo 8º, IV, da Lei 9.610/1998. Referida vedação se estende às características gráficas da obra e sua editoração. A punição para a violação dos Direitos Autorais é crime previsto no Artigo 184 do Código Penal e as sanções civis às violações dos Direitos Autorais estão previstas nos Artigos 101 a 110 da Lei 9.610/1998.

NOTAS DA EDITORA:

Atualizações do Conteúdo: A presente obra é vendida como está, atualizada até a data do seu fechamento, informação que consta na página II do livro. Havendo a publicação de legislação de suma relevância, a editora, de forma discricionária, se empenhará em disponibilizar atualização futura. Os comentários das questões são de responsabilidade dos autores.

Bônus ou Capítulo On-line: Excepcionalmente, algumas obras da editora trazem conteúdo extra no *on-line*, que é parte integrante do livro, cujo acesso será disponibilizado durante a vigência da edição da obra.

Erratas: A Editora se compromete a disponibilizar no site www.editorafoco.com.br, na seção Atualizações, eventuais erratas por razões de erros técnicos ou de conteúdo. Solicitamos, outrossim, que o leitor faça a gentileza de colaborar com a perfeição da obra, comunicando eventual erro encontrado por meio de mensagem para contato@editorafoco.com.br. O acesso será disponibilizado durante a vigência da edição da obra.

Impresso no Brasil (07.2020) • Data de Fechamento (07.2020)

2020

Todos os direitos reservados à
Editora Foco Jurídico Ltda.

Rua Nove de Julho, 1779 – Vila Areal
CEP 13333-070 – Indaiatuba – SP
E-mail: contato@editorafoco.com.br
www.editorafoco.com.br

Ao Anderson.

À Olivia, Marina e Manuela.

Agradecimentos

A conclusão desse trabalho, objeto de dissertação de mestrado no Programa de Pós-Graduação em Direito Civil da UERJ, significa também a finalização de um projeto cujos frutos são inestimáveis.

A todos os Professores do Programa de Pós-Graduação em Direito Civil da UERJ, agradeço por dois inesquecíveis anos de aprendizado diário, que levarei para toda a vida.

Ao Professor Carlos Nelson Konder, meu querido orientador, que tanto me ensinou desde as aulas de graduação e ao longo da Pós-Graduação, obrigada pelo constante apoio, generosidade, paciência, motivação e recomendações, todas imprescindíveis para o presente trabalho.

Aos Professores Carlos Edison do Rêgo Monteiro Filho e José Roberto Castro Neves, pela honra de terem integrado a banca de defesa da dissertação que deu origem a esse livro e por todas as valiosíssimas críticas e sugestões.

Aos Professores do Max-Planck Institute for Comparative and International Private Law, na pessoa do Professor Jan Schmidt, pela calorosa acolhida em Hamburgo durante memorável período de pesquisa e aprendizado.

Aos amigos e colegas do escritório Mannheimer, Perez e Lyra Advogados, companheiros de tantos anos, pela compreensão e apoio nos momentos de ausência causados pela dedicação ao mestrado. À Manoella Alves pela dedicação de todos os dias e pelo indispensável auxílio nos momentos finais deste trabalho.

Aos amigos de dentro e fora do direito, na pessoa da queridíssima Mariana Siqueira, cujo apoio e carinho foram essenciais para adocicar a tarefa solitária que é escrever uma dissertação. Aos grandes amigos do mestrado: sem vocês não teria metade da graça, foi incrível!

Por fim, agradeço enormemente à minha família, pelo amor e presença, sem os quais nada disso faria sentido. Aos meus pais, por absolutamente tudo. À Carminha, Margot e Maitê, mulheres que me ensinaram o valor da persistência, da justiça, da liberdade e do amor. Ao Anderson, o grande amor da vida, por todas as coisas nossas. À Olivia, Marina e Manuela, meu coração fora do corpo.

Apresentação:

Sem Frustrações

Para que serve uma boa tese? Muito mais do que apenas apresentar uma ideia e demonstrar suas proposições, uma boa tese nos faz pensar, refletir, perceber algo diferente e novo. Uma boa tese nos faz questionar algumas convicções e, finalmente, ilumina nossas certezas.

O Direito das Obrigações, notadamente as investigações acerca da vida e da morte dos contratos, tem encontrado, na prática, novos desafios, que instigam o jurista a seguir aprimorando a sua ciência.

Já há muito se reconhece: existem mais coisas entre o adimplemento e o inadimplemento do que sonha nossa vã filosofia. O homem jurídico percebe variados fenômenos que acometem a relação contratual, muitos deles ainda não plenamente dominados.

Maria Proença Marinho se dispôs, como objeto de sua dissertação de conclusão do curso de mestrado na Universidade do Estado do Rio de Janeiro, a estudar a frustração do fim do contrato. A escolha do tema foi de extrema felicidade. Mas, muito além disso, Maria cumpriu primorosamente sua missão.

Orientada pelo culto e seguro civilista Carlos Nelson Konder, Maria Proença Marinho, valendo-se de um estilo claro e linear, exauriu o tema. Para felicidade do leitor, explica-se a origem histórica do instituto, em decisões do início do século passado pelas cortes inglesas, passando por todo o seu desenvolvimento, com o amadurecimento do mundo jurídico, fazendo-se referência aos valores que passaram a informar o Direito Civil contemporâneo.

Maria Proença Marinho explica que, atualmente, a apreciação do adimplemento parte da análise da função concreta do negócio. Se o fim desse negócio não pode ser atingido, ele perde o seu propósito. Deixa, assim, de possuir uma função social. Como se expõe, sem função social, sua eficácia fica comprometida.

Para aprofundar sua análise, a tese examina os conceitos do enriquecimento sem causa e da boa-fé objetiva, demonstrando como esses vetores interagem com a frustração do fim do contrato, revelando que, hoje, a aplicação do Direito se faz de forma holística.

Pela leitura da tese, percebemos como a frustração do fim do contrato, no Direito contemporâneo, ganha um merecido espaço.

O trabalho tem ainda o mérito de oferecer soluções a temas ainda sem uma resposta definitiva, como a repartição de custos, uma vez verificada a frustração, e a eventual revisão do contrato. Tudo é feito de forma técnica, responsável, fazendo referência crítica à atualizada doutrina e atenta à orientação da jurisprudência.

Em 2019, fui convidado a participar, juntamente com o mencionado orientador e com o erudito Professor Carlos Edison do Rêgo Monteiro, da banca responsável por apreciar a defesa da dissertação de Maria Proença Marinho. Na ocasião, tive a alegria de ler os estudos e assistir à firme defesa de Maria. Agora, para fazer essa breve apresentação, com renovado gosto, reli o excelente trabalho, para nele descobrir ainda mais méritos.

Certamente, a experiência da autora, como integrante de uma das mais eficientes e combativas bancas de advocacia do país, foi fundamental no desenvolvimento do projeto, agora transformado em livro. Afinal, a realidade da prática funciona como o mais eficiente laboratório jurídico.

Submetida frequentemente a causas difíceis e complexas, Maria Proença Marinho demonstra aguçada capacidade crítica, distinguindo, como boa advogada, os temas que merecem uma investigação mais aprofundada. Assim, mantém aceso o interesse do leitor ao seu instigante trabalho.

No período em que Maria preparava esta publicação, "preparava" também (para usar a linda imagem de Caetano Veloso) outra pessoa. Essa fantástica experiência humana nos traz profundo amadurecimento e reflexão. Um momento mágico na vida, que, acredito, impregnou a obra, tornando-a ainda mais especial.

No livro, que agora se tem nas mãos, o tema sofisticado da frustração do fim do contrato é exposto de forma inteligente estruturada. Sua sensível e talentosa autora nos faz cúmplice do seu pensamento. Somos convidados a percorrer a instigante tese, para nela colher valioso aprendizado.

Um trabalho que merece ser lido e degustado, como segura fonte doutrinária, servindo, a partir de agora com a sua merecida publicação, de guia nesse instigante tema, de crescente uso prático.

Rio de Janeiro, julho de 2019

José Roberto de Castro Neves

Doutor em Direito Civil pela UERJ. Mestre em Direito pela Universidade de Cambridge. Professor de Direito Civil da PUC-RJ e da FGV-RJ.

Prefácio

Carlos Nelson Konder[1]

Embora seja arriscado fazer prognósticos sobre uma conjuntura que ainda é atual, não parece temerário afirmar que a pandemia de Covid-19 que atingiu o mundo desde fevereiro de 2020 terá impacto significativo sobre a forma pela qual nossas relações sociais e econômicas se estruturam daqui por diante. Ainda que, nos cenários pessimistas, se sucedam outros surtos e outras crises, a pandemia parece ter colocado em xeque de maneira mais significativa algumas instituições e perspectivas consolidadas: "a pandemia pulveriza este senso comum e evapora a segurança de um dia para o outro".[2] Enquanto os profissionais de saúde estão na linha de frente do combate à Covid-19, o papel dos juristas é refletir sobre como o direito pode atuar para auxiliar nessa luta, seja diretamente com normas que visam a prevenir o contágio e proteger as pessoas, seja indiretamente, buscando meios de reduzir os efeitos negativos econômicos e principalmente sociais da pandemia.

Por isso, é especialmente oportuno que, neste momento, a editora Foco ofereça ao grande público *Frustração do fim do contrato*, de Maria Proença Marinho. Ao contrário de algumas "reflexões de ocasião" que se difundiram rapidamente nos últimos meses, esta obra é resultado de minucioso projeto de pesquisa, levado a cabo pela autora desde 2017, incluindo estágio de pesquisa no prestigiado *Max-Planck-Institut für Ausländisches und Internationales Privatrecht*, na Alemanha, e que culminou com sua dissertação de mestrado junto ao Programa de Pós-graduação em Direito da Universidade do Estado do Rio de Janeiro (PPGD/UERJ), aprovada com nota máxima por

---

1. Doutor e mestre em direito civil pela Universidade do Estado do Rio de Janeiro (UERJ). Especialista em direito civil pela Universidade de Camerino (Itália). Professor do Departamento de Direito Civil da UERJ e do Departamento de Direito da Pontifícia Universidade Católica do Rio de Janeiro (PUC-Rio). Advogado. Email: carlos@konder.adv.br.
2. SANTOS, Boaventura de Sousa. *A cruel pedagogia do vírus*. Coimbra: Almedina, 2020, p. 7.

banca composta pelos professores José Roberto de Castro Neves, Carlos Edison do Rêgo Monteiro Filho e por mim, na qualidade de orientador.

A obra apresenta figura que já vinha sendo referida entre nós no âmbito dos litígios mais complexos, especialmente em sede arbitral, e que ganhou relevância ainda maior em razão dos efeitos sociais e econômicos resultantes da pandemia. Se o contrato não é um fim em si mesmo, mas uma composição de interesses que visa alcançar determinada finalidade, o que deve ser feito com o negócio cujo objeto, embora ainda possível, não se presta mais a realizar aquele objetivo que era almejado? Como lidar com a locação de um imóvel para atendimento ao público quando restou proibida a circulação de pessoas, com contratos de transporte e de hospedagem que posto possíveis se tornaram impraticáveis? Enfim, qual deve ser o destino do contrato inútil, que não se presta mais a desempenhar a função para a qual foi celebrado?

O ordenamento brasileiro, historicamente voltado para uma abordagem dogmática predominantemente estrutural, não traz qualquer regra expressa e específica sobre essa situação. Entretanto, nas últimas décadas, vem se difundindo perspectiva hermenêutica voltada a valorizar a perspectiva funcional, isto é, no exame dos institutos jurídicos, privilegiar a consideração dos efeitos perseguidos sobre os elementos que o compõem.[3] No âmbito contratual, "a função consiste em elemento interno e razão justificativa da autonomia privada", de modo não a subjuga-la, mas para permitir o seu controle dinâmico e concreto.[4]

Em alguns ordenamentos estrangeiros, como o italiano, o espanhol e o francês, essa perspectiva foi tradicionalmente viabilizada pelo instituto da causa do contrato, que serviria não só a liberar as partes de vínculos que se tornaram inúteis, mas também a realizar o controle de merecimento de tutela dos fins

---

3. PERLINGIERI, Pietro. *O direito civil na legalidade constitucional*. Rio de Janeiro: Renovar, 2008, p. 671.
4. TEPEDINO, Gustavo. Notas sobre a função social do contrato. In TEPEDINO, Gustavo; FACHIN, Luiz Edson (coord.). *O direito e o tempo*: embates jurídicos e utopias contemporâneas. Rio de Janeiro: Renovar, 2008, p. 402.

perseguidos pelos contratantes.⁵ Trata-se, entretanto, de figura das mais controversas no que tange ao seu conteúdo, o que levou diversos ordenamentos a rejeitarem sua positivação expressa, como foi o caso do brasileiro.

Nessa linha, em ordenamentos não causalistas, o problema do contrato que não pode mais atingir o fim que perseguia foi absorvido por outros institutos, como ocorreu no direito alemão com a teoria base do negócio, que inclusive veio a ser incorporada no §313 do BGB pela reforma de 2011. Normalmente associada à situação de onerosidade excessiva, isto é, quando a relação de equivalência entre prestação e contraprestação foi destruída, a base do negócio, em sua formulação mais ampla, também seria quebrada quando a finalidade objetiva do contrato, expressa em seu conteúdo, restou inalcançável.⁶

A raiz dessa promissora abordagem do problema se encontra no direito inglês, que construiu a doutrina da *frustration of purpose* principalmente a partir dos chamados *coronation cases*. Tratava-se de contratos de locação de varandas e barcos voltados a permitir que os locatários assistissem ao desfile de coroação de Eduardo VII em 1902, mas que, diante do cancelamento do evento por conta de problemas de saúde do rei, geraram polêmicas disputas judiciais.⁷

A partir desse apanhado geral da experiência estrangeira, a autora constrói o conceito de frustração do fim do contrato e inicia a obra por um estudo cuidadoso sobre o espaço existente no ordenamento brasileiro para o acolhimento desse instituto. Para o fim de evitar as "ideias fora de lugar", o capítulo 1 também apresenta o necessário cotejo com outros institutos já consolidados em nosso ordenamento, como a impossibilidade do objeto, a condição, o erro

---

5. Sobre o tema, v. MORAES, Maria Celina Bodin de. A causa do contrato. *Civilistica.com*, a. 2 n. 4. Rio de Janeiro, out.-dez./2013, p. 1-24; SOUZA, Eduardo Nunes de. De volta à causa contratual: aplicações da função negocial nas invalidades e nas vicissitudes supervenientes do contrato. *Civilistica.com*, v. 8, n. 2. Rio de Janeiro: set. 2019, p. 1-53; e KONDER, Carlos Nelson. Causa do contrato x função social do contrato: Estudo comparativo sobre o controle da autonomia negocial. *Revista trimestral de direito civil*, v. 43. Rio de Janeiro: jul./set. 2010, p. 33-75.
6. SANZ, Vicente Espert. *La frustración del fin del contrato*. Madrid: Tecnos, 1968, p. 159. Entre nós, v. SCHREIBER, Anderson. *Equilíbrio contratual e dever de renegociar*. São Paulo: Saraiva, 2018, p. 151 e ss.
7. TREITEL, Guenter. *Frustration and force majeure*. London: Sweet & Maxwell, 2014, p. 313.

sobre o motivo, o desequilíbrio superveniente, o caso fortuito e a força maior, concluindo pela necessidade de se adotar a frustração do fim do contrato entre nós, identificando seu fundamento tanto nas noções de função negocial e interesse das partes, quanto no princípio da boa-fé objetiva.

Para além da defesa da conveniência de acolher o instituto da frustração do fim do contrato no ordenamento brasileiro, proposta ainda pouco difundida na doutrina nacional[8], o verdadeiro ineditismo da proposta de Maria consiste na rigorosa delimitação conceitual do fim do contrato, com a indicação de parâmetros para a sua identificação. A preocupação com o risco de sua invocação por devedores desidiosos, que pretendam justificar seu inadimplemento pela frustração de seus objetivos pessoais, confundindo os motivos de cada parte com o fim objetivo do contrato, levou a autora a ser especialmente cuidadosa na exposição dos requisitos necessários à configuração do fim do contrato e à caracterização de sua frustração no capítulo 2.

Por fim, o capítulo 3 volta-se a indicar as consequências da frustração do fim contratual. Nessa senda, a obra não se limita a destacar a liberação das partes frente às obrigações do contrato tornado ineficaz, mas dedica-se às intrincadas questões referentes a efeitos restitutórios e ressarcitórios que eventualmente possam advir da extinção do vínculo. Nos delicados casos em que, a despeito da ausência de culpa dos envolvidos, uma das partes tiver, até a frustração, envidado recursos significativamente maiores que a outra para a execução do negócio, a autora defende a possibilidade de compartilhamento de riscos.

A obra que ora se coloca ao leitor reflete as características que marcam a trajetória de sua autora, que tive a honra de acompanhar na graduação, especialização e mestrado: Maria sempre se revelou disposta a enfrentar os maiores desafios, investigando com coragem e afinco institutos extremamente complexos, identificando com clareza e precisão seus pontos problemáticos e esclarecendo-os com

---

8. Destaque-se o estudo pioneiro de COGO, Rodrigo Barreto. Rio de Janeiro: Renovar, 2012, e mais recentemente, NANNI, Giovanni Ettore. Frustração do fim do contrato: análise de seu perfil conceitual. *Revista Brasileira de Direito Civil – RBDCivil*, v. 23. Belo Horizonte, jan./mar. 2020, p. 39-56.

leveza e praticidade, de modo a conjugar a dedicação da cuidadosa pesquisadora com o olhar da perspicaz advogada. Se, de fato, "não existem instrumentos válidos em todos os tempos e em todos os lugares: os instrumentos devem ser construídos pelo jurista levando-se em conta a realidade que ele deve estudar"[9], a *Frustração do fim do contrato*, especialmente por causa da marca distintiva de sua autora, é contribuição fundamental para o momento atual. E para que tempos melhores estejam por vir.

---

9. PERLINGIERI, Pietro. Normas constitucionais nas relações privadas. *Revista da faculdade de direito da UERJ*, n. 6 e 7, 1998/1999, p. 63

SUMÁRO

AGRADECIMENTOS..	V
APRESENTAÇÃO – SEM FRUSTRAÇÕES	VII
PREFÁCIO...	XI
INTRODUÇÃO...	1
1. FRUSTRAÇÃO DO FIM DO CONTRATO E SEU FUNDAMENTO NO ORDENAMENTO BRASILEIRO.........	7
1.1 Antecedentes teóricos	7
1.1.1 Coronation cases e doutrina da frustração............	7
1.1.2 Teoria da pressuposição	12
1.1.3 Teoria da base objetiva do negócio	16
1.2 O desenvolvimento da frustração do fim do contrato nas experiências jurídicas estrangeiras....................	21
1.3 Contornos teóricos da frustração do fim do contrato........	31
1.3.1 Conceito de frustração do fim do contrato.............	31
1.3.2 Utilidade da frustração do fim do contrato	37
1.3.2.1 A frustração do fim do contrato e a impossibilidade superveniente de prestação.......	37
1.3.2.2 A frustração do fim do contrato e a condição	43
1.3.2.3 A frustração do fim do contrato e o erro sobre motivo	44
1.3.2.4 A frustração do fim do contrato e o desequilíbrio contratual superveniente............	47
1.3.2.5 A frustração do fim do contrato e o caso fortuito ou força maior	50
1.4 Fundamento no ordenamento brasileiro	52

2. REQUISITOS PARA APLICAÇÃO DA FRUSTRAÇÃO DO FIM DO CONTRATO 59

2.1 Âmbito de aplicação da frustração do fim do contrato..... 59
2.2 Execução contratual não iniciada ou em curso............... 68
2.3 Frustração do fim contratual 72
2.4 Possibilidade de execução das prestações 82
2.5 Evento alheio ao comportamento da parte que invoca a frustração do fim do contrato e não imputável à sua mora 87
2.6 Risco não imputado contratualmente a uma das partes .. 90

3. EFEITOS DA FRUSTRAÇÃO DO FIM DO CONTRATO... 97

3.1 Ineficácia da relação obrigacional............ 97
3.2 Efeito Restitutório: vedação ao enriquecimento sem causa... 109
3.3 Efeito Ressarcitório 117

CONCLUSÃO 129

Sobre os antecedentes teóricos e desenvolvimento da frustração do fim do contrato............ 129

Sobre o conceito, utilidade e fundamento da frustração do fim do contrato............ 130

Sobre os requisitos para aplicação da frustração do fim do contrato 132

Sobre os efeitos da frustração do fim do contrato............ 134

REFERÊNCIAS............ 137

Introdução

Em 2013, a Jornada Mundial da Juventude foi realizada no Brasil, reunindo milhões de fiéis na cidade do Rio de Janeiro. A vigília e missa de encerramento foram marcadas para os dias 27 e 28 de janeiro daquele ano no Campo da Fé, localizado em Guaratiba. De acordo com o noticiário, a cerimônia levaria "cerca de 2 milhões de pessoas à Guaratiba, bairro pobre e quase rural localizado a cerca de 60 quilômetros do centro, nas franjas da cidade, e chegou a ser comparada pela prefeitura à organização de duas festas de ano novo e um Natal, tamanha a sua grandiosidade."[1]

Em vista disso, diversos moradores da área se organizaram para realizar atividades em torno do evento, prestando serviços aos peregrinos. Rodrigo Silva gastou dez mil reais para construir doze toaletes ao lado de sua casa. Leila Santos de Oliveira, dona de restaurante próximo ao Campo da Fé, encomendou três mil quentinhas. Juracy Santana, em conjunto com mais cinco sócios, gastou sessenta e sete mil reais para comprar bebidas e contratar vendedores que atuariam em dezesseis pontos de venda.[2]

Sucede que, no dia 25 de janeiro, a cerimônia foi transferida para a Praia de Copacabana, pois, em razão do mau tempo, o Campo da Fé se tornou verdadeiro lamaçal.[3] Os moradores amargaram

---

1. BIANCHI, Paula. Homem faz "banheiros do papa" em Guaratiba e perde R$ 10 mil sem Francisco. *UOL*, Rio de Janeiro, 28.01.2013. Disponível em: <https://noticias.uol.com.br/cotidiano/ultimas-noticias/2013/07/28/comerciantes-reclamam-de-prejuizos--com-o-cancelamento-da-vigilia-e-visita-do-papa-a-guaratiba.htm >. Acesso em 20 jan. 2019.
2. BIANCHI, Paula. Homem faz "banheiros do papa" em Guaratiba e perde R$ 10 mil sem Francisco. *UOL*, Rio de Janeiro, 28.01.2013. Disponível em: <https://noticias.uol.com.br/cotidiano/ultimas-noticias/2013/07/28/comerciantes-reclamam-de-prejuizos--com-o-cancelamento-da-vigilia-e-visita-do-papa-a-guaratiba.htm >. Acesso em 20 jan. 2019.
3. De acordo com os jornais, "A missa de encerramento da Jornada Mundial da Juventude, com a presença do Papa Francisco, que estava prevista para domingo (28) no Campo da Fé, em Guaratiba, na Zona Oeste do Rio, foi transferida para a Praia de Copacabana, na Zona Sul. A vigília que ocorreria no sábado também mudou de lugar. Segundo o

prejuízos. De acordo com Leila Santos de Oliveira, "o chão de todo mundo caiu".[4]

Diante desse cenário, suponha-se que Rodrigo tenha contratado um construtor local para montar os doze banheiros em seu terreno. Suponha-se, ainda, que, sabendo da finalidade para a qual serviriam os banheiros, o construtor tenha cobrado preço infinitamente superior ao normalmente praticado para este tipo de serviço e as partes tenham contratado rígida cláusula penal a ser aplicada em caso de atraso, tendo em vista ser primordial a finalização dos trabalhos antes do evento.

Com o superveniente cancelamento, deve o contrato permanecer hígido? A finalidade deve ser considerada comum às partes ou constitui mero motivo interno que integra a esfera subjetiva individual de Rodrigo? Como devem ser alocados os prejuízos decorrentes dessa circunstância? Em suma, como deve essa situação ser tutelada à luz do direito pátrio?

Em 2019, a final da Copa Libertadores da América entre o Flamengo e o River Plate estava marcada para o dia 23 de novembro no Estádio Nacional, em Santiago, no Chile. Duas semanas antes dessa data, quando milhares de torcedores já haviam adquirido, por preços extremamente superiores aos normalmente praticados, passagens e pacotes de hospedagem, a Conmebol anunciou a transferência do jogo para o Estádio Monumental, em Lima, no Peru, em razão de intensos protestos populares que vinham ocorrendo na capital chilena.

Não obstante a transferência do jogo, os contratos de transporte, hospedagem e prestação de serviços em questão ainda poderiam ser perfeitamente cumpridos. Todavia, não era mais possível atingir

---

Comitê Organizador da JMJ, o mau tempo tornou a realização impraticável, já que o local amanheceu tomado por lama nesta quinta (25). A informação foi confirmada pelo arcebispo do Rio, dom Orani Tempesta." (ALVARENGA, Darlan e CARDILLI, Juliana. Por chuva, missa e vigília mudam de Guaratiba para Copacabana. G1 Rio, Rio de Janeiro, 25.01.2013. Disponível em: <http://g1.globo.com/jornada-mundial-da-juventude/2013/07/noticia/2013/07/missa-e-vigilia-sao-transferidas-de-guaratiba-para-copacabana-na-jmj.html>. Acesso em 20 jan. 2019).

4. BIANCHI, Paula. Homem faz "banheiros do papa" em Guaratiba e perde R$ 10 mil sem Francisco. UOL, Rio de Janeiro, 28.01.2013. Disponível em: <https://noticias.uol.com.br/cotidiano/ultimas-noticias/2013/07/28/comerciantes-reclamam-de-prejuizos--com-o-cancelamento-da-vigilia-e-visita-do-papa-a-guaratiba.htm >. Acesso em 20 jan. 2019.

a finalidade visada pelos contratantes, qual seja, a de possibilitar a ida ao jogo. Esse risco foi assumido pelos torcedores? Tem relevância o fato de que as empresas aéreas, hotéis e agências de viagens fizeram anúncios relacionados ao evento, abriram voos e vagas extras e cobraram preços muito superiores aos de mercado para aquele período? Como solucionar essa questão?

Já no início de 2020, o mundo se viu assolado pela pandemia de COVID-19, que impôs amplo isolamento de indivíduos em suas casas e a interrupção do fluxo de pessoas e de diversas atividades econômicas. Diante desse cenário, muito se discute a respeito da impossibilidade superveniente e da onerosidade excessiva que atingiu diversas contratações. No entanto, há um outro grupo de casos que também merece atenção: houve numerosas hipóteses em que, embora o cumprimento da prestação ainda fosse possível, não se podia mais atingir a finalidade da contratação em razão da alarmante situação vivida.

Considere-se, por exemplo, um contrato de locação de curta duração que previa em seus *considerandos* que o imóvel seria utilizado como uma loja de roupas *pop-up* na cidade do Rio de Janeiro. Em seguida, o Governo do Estado edita norma proibindo essa espécie de comércio naquele período. O cumprimento da prestação (aluguel do imóvel) ainda é possível, mas a finalidade assumida por ambas as partes no *considerando* (utilização do imóvel como loja de roupas) foi proibida. O contrato pode ser extinto? Com base em que fundamento jurídico?

A frustração do fim do contrato, instituto objeto deste livro, pode auxiliar nestas e em outras respostas.

De fato, a extinção ou modificação dos contratos por alteração superveniente das circunstâncias é matéria que "aqui e alhures (...) sempre seduziu e angustiou juristas".[5] Talvez isso se dê porque as discussões concernentes ao tema dizem respeito à "relação entre o

---

5. LIRA, José-Ricardo Pereira. A onerosidade excessiva no código civil e a impossibilidade de modificação judicial dos contratos comutativos sem anuência do credor. In: *Revista de Direito Renovar*, v. 44-45, 2009. Disponível em: <http://www.loboeibeas.com.br/archives/1747>. Acesso em 23 mai. 2017. p. 01.

Direito e a realidade"⁶ e, como "as eventualidades da vida são infinitas (...), as questões jurídicas relacionadas às circunstâncias inesperadas apresentam um cenário caleidoscópico".⁷

Não se questiona que os contratos, desde que válidos, vinculam as partes e, a princípio, devem ser por elas cumpridos ainda que haja alteração das circunstâncias nas quais foram celebrados.⁸ Não obstante, é amplamente estabelecido que há situações excepcionais em que a alteração das circunstâncias que levaram as partes a contratar é tão substancial, que "seria injusto manter as partes vinculadas" ao que havia sido anteriormente pactuado.⁹

Atualmente, vem se fortalecendo no Brasil¹⁰ – assim como ocorreu outrora em diversas experiências jurídicas estrangeiras – a

---

6. ASCENÇÃO, José de Oliveira. Alteração das circunstâncias e justiça contratual no novo Código Civil. In: *Pensar*, v. 13, n. 1, Fortaleza, 2008. p. 7.
7. Tradução livre de: "*The eventualities of life are infinite and, therefore, the legal issues referring to unexpected circumstances present a kaleidoscopic picture.*" (HONDIUS, Ewoud e GRIGOLEIT, Hans Cristoph. *Unexpected circumstances in European Contract Law*. Cambridge: Cambridge University Press, 2011. p. 03).
8. Sobre a aplicação do princípio *pacta sunt servanda* na realidade contemporânea brasileira, confira-se: NALIN, Paulo. A força obrigatória dos contratos no brasil: uma visão contemporânea e aplicada à luz da jurisprudência do superior tribunal de justiça em vista dos princípios sociais dos contratos. In: *Revista Brasileira de Direito Civil*, v. 1, Jul./Set. 2014, p. 111-134.
9. ASCENÇÃO, José de Oliveira. Alteração das circunstâncias e justiça contratual no novo Código Civil. In: *Pensar*, v. 13, n. 1, Fortaleza, 2008. p. 8.
10. Na doutrina, faz-se referência ao parecer percursor de Antônio Junqueira de Azevedo (AZEVEDO, Antônio Junqueira de. Remissão interessada de dívida. Erro sobre o motivo determinante. Análise do negócio jurídico por suas bases subjetiva e objetiva. Frustração do fim do negócio jurídico e consequente enriquecimento sem causa. In: AZEVEDO, Antônio Junqueira de. *Novos ensaios e pareceres de direito privado*. São Paulo: Saraiva, 2009) e à detalhada obra de Rodrigo Cogo (COGO, Rodrigo Barreto. *A frustração do fim do contrato*. Rio de Janeiro: Renovar, 2012). Na jurisprudência, verificou-se menção ao tema (embora a aplicação seja heterogênea e muitas vezes atécnica) nos seguintes casos: MATO GROSSO DO SUL. Tribunal de Justiça do Mato Grosso do Sul. *AC 2007.034661-5*. Relator: Oswaldo Rodrigues de Melo. Julgamento: 01.12.2003. Órgão Julgador: Terceira Turma Cível; SANTA CATARINA. Tribunal de Justiça de Santa Catarina. *AC 1998.008664-7*, Relator: Trindade dos Santos. Julgamento: 30.08.2001. Órgão Julgador: Segunda Câmara de Direito Comercial; SÃO PAULO, Tribunal de Justiça de São Paulo. *AC 0240371-07.2009.8.26.0002*. Relator: Hamid Bdine. Julgamento: 10.09.2014. Órgão Julgador: Vigésima Nona Câmara de Direito Privado; SÃO PAULO, Tribunal de Justiça de São Paulo. *AC 0039109-66.2009.8.26.0054*. Relator: Ruy Coppola. Julgamento: 27.04.2017. Órgão Julgador: Vigésima Quinta Câmara de Direito Privado; SÃO PAULO, Tribunal de Justiça de São Paulo. *AC 0061241-41.2011.8.26.0114*. Relator: Edgar Rosa. Julgamento: 07.08.2017. Órgão Julgador: Vigésima Sétima Câmara de Direito Privado.

doutrina da frustração do fim do contrato que, em linhas gerais, conduz à ineficácia da avença quando um evento posterior à contratação levar à perda da finalidade do contrato, muito embora a prestação ainda seja possível.[11]

Com o processo de constitucionalização do direito privado,[12] a noção de funcionalização dos institutos e relações privadas ganhou extremo relevo. Como ensina a doutrina civilista, "os institutos jurídicos, partes integrantes da vida de relação, passam a ser estudados não apenas em seus perfis estruturais (sua constituição e seus elementos essenciais), como também – e principalmente – em seus perfis funcionais (sua finalidade, seus objetivos)".[13] A estrutura é merecedora de tutela na medida em que é capaz de realizar a função do fato jurídico, identificada por Perlingieri como a "síntese global dos interesses sobre os quais o fato incide".[14]

---

11. Nos termos do Enunciado nº 166, aprovado na III Jornada de Direito Civil, "a frustração do fim do contrato, como hipótese que não se confunde com a impossibilidade da prestação ou com a excessiva onerosidade, tem guarida no Direito brasileiro pela aplicação do art. 421 do Código Civil."
12. Nas palavras de Bodin de Moraes, "Ampliando ainda a importância dos princípios constitucionais na interpretação e aplicação do direito, pode-se afirmar que a leitura da legislação infraconstitucional deve ser feita sob a ótica dos valores constitucionais. Assim, mesmo em presença de aparentemente perfeita subsunção a uma norma de um caso concreto, é necessário buscar a justificativa constitucional daquele resultado hermenêutico. Com efeito, sabe-se hoje ser uma perspectiva ilusória aquela que considerava a operação de aplicação do direito como atividade puramente mecânica, que se resumiria no trabalho de verificar se os fatos correspondem aos modelos abstratos fixados pelo legislador. A análise do caso concreto, com frequência, enseja prismas diferentes e raramente pode ser resolvida através da simples aplicação de um artigo de lei ou da mera argumentação de lógica formal. Daí a necessidade, para os operadores do direito, do conhecimento da lógica do sistema, oferecida pelos valores constitucionais, pois que a norma ordinária deverá sempre ser aplicada juntamente com uma norma constitucional, que é a razão de validade para a sua aplicação naquele caso concreto. Sob esta ótica, a norma constitucional assume, no direito civil, a função de, validando a norma ordinária aplicável ao caso concreto, modificar, à luz de seus valores e princípios, os institutos tradicionais." (MORAES, Maria Celina Bodin de. A caminho de um direito civil constitucional. In: *Revista Estado, Direito e Sociedade*, v. I, 1991. Disponível em: http://egov.ufsc.br:8080/portal/sites/default/files/anexos/15528-15529-1-PB.pdf. Acesso em: 28 set. 2018. p. 11).
13. MONTEIRO FILHO, Carlos Edison do Rêgo. Usucapião imobiliária urbana independente de metragem mínima: uma concretização da função social da propriedade. *Revista Brasileira de Direito Civil*: v. 2, out./dez. 2014. p. 13.
14. PERLINGIERI, Pietro. *O direito civil na legalidade constitucional*. Rio de Janeiro: Renovar, 2008. p. 642. E continua o autor: "Não basta qualificar um fato como produtivo, modificativo ou extintivo de efeitos: é necessário compreender a razão justificadora da

Ora, se o ordenamento jurídico confere tamanha importância à função dos fatos jurídicos, é preciso compreender qual será a consequência da impossibilidade de se atingir a função concreta da avença em razão de eventos supervenientes.

O objetivo deste estudo, portanto, é, a partir de uma perspectiva funcionalizada do direito civil, analisar a utilidade da aplicação do instituto da frustração do fim do contrato no ordenamento brasileiro, identificando seus contornos teóricos, requisitos e efeitos.

No primeiro capítulo, serão analisados os antecedentes teóricos da frustração do fim do contrato para, em seguida, se dar notícia da aplicação do instituto em alguns países na atualidade. Então, se identificará os seus contornos conceituais e se cotejará o instituto com algumas figuras positivadas no ordenamento brasileiro, de modo a se demonstrar que não se confundem. Por fim, se investigará quais são os fundamentos que autorizam a aplicação da frustração do fim do contrato no ordenamento brasileiro.

No segundo capítulo, serão trabalhados, de forma crítica e à luz do estudo de casos concretos, os requisitos para a aplicação do instituto. Com efeito, se verá que não basta que se frustre a finalidade do contrato, sendo certo que a teoria conta com mais requisitos (como a execução contratual em curso e a não assunção do risco pelas partes) cuja concretização se exige para que a frustração do fim do contrato gere efeitos.

No terceiro e último capítulo serão identificados os efeitos da frustração do fim do contrato, incluindo a ineficácia da relação obrigacional, assim como os efeitos liberatórios, restitutórios e ressarcitórios do instituto.

---

constituição, modificação ou extinção. Identificar a função não é o mesmo que descrever os efeitos do fato, interligando-os desordenadamente entre si, mas sim apreender o seu significado normativo. (...) A análise funcional do fato é completa quando, além do ponto de chegada (determinação das situações subjetivas programadas no ato: eficácia), leva-se em consideração também, e preliminarmente, o ponto de partida (o estado inicial dos interesses consolidados nas situações subjetivas preexistentes ao fato). Condições iniciais dos interesses e resultado a atingir (efeitos a produzir) são inseparáveis. A função do fato se realiza de modo diverso conforme a situação preexistente: se ela muda, muda também o percurso (o regulamento de interesses) a ser seguido para alcançar o resultado." (PERLINGIERI, Pietro. *O direito civil na legalidade constitucional*. Rio de Janeiro: Renovar, 2008. p. 642-643).

1
FRUSTRAÇÃO DO FIM DO CONTRATO E SEU FUNDAMENTO NO ORDENAMENTO BRASILEIRO

1.1 ANTECEDENTES TEÓRICOS

A frustração do fim do contrato é aplicada, guardadas as peculiaridades, em diversos ordenamentos de *Common Law* e de origem romano-germânica, com o objetivo de solucionar questões jurídicas que não podem ser resolvidas por meio da aplicação de outras figuras positivadas naquelas experiências jurídicas, como a impossibilidade superveniente e a onerosidade excessiva. Os contornos do instituto se desenvolveram, principalmente ao longo do século XX, tendo por base alguns antecedentes teóricos, que, todavia, não se confundem com a noção atual de frustração do fim do contrato. Algumas dessas figuras serão ora analisadas, não com o objetivo de exauri-las, mas de contextualizar a evolução da matéria objeto desta dissertação.

1.1.1 *Coronation cases* e doutrina da frustração

Com a morte da Rainha Vitória, em janeiro de 1901, o seu filho primogênito, Alberto Eduardo, assumiu o trono britânico, tornando-se Eduardo VII. Respeitando uma tradição inglesa de cerca de nove séculos, a cerimônia de coroação do novo regente na Abadia de Westminster foi marcada para os dias 26 e 27 de junho de 1902.

Como a cerimônia seria precedida de um grande cortejo nas ruas de Londres, foram realizadas diversas contratações para aluguel de lugares, barcos e apartamentos com a finalidade de se assistir a procissão e a revista da frota militar. Ocorre que, dois dias antes da data marcada, foi anunciado o adiamento da cerimônia – sem indicação de nova data –, em razão de uma grave crise de apendicite que acometeu o rei. Tal circunstância gerou uma série de controvérsias que foram levadas ao Judiciário inglês. Esse grupo de casos ficou conhecido como *coronation cases* e é considerado a origem da doutrina da *frustration of purpose* no direito inglês.

O mais famoso dentre os *coronation cases* é Krell v. Henry.[1] Krell, que era proprietário de um apartamento na rua Pall Mall, com vista privilegiada para parte do trajeto do cortejo, anunciou por meio de cartaz aposto em seu imóvel que "as janelas estavam disponíveis para aluguel para assistir o cortejo da coroação".[2] Tendo se interessado e após tratativas verbais, Henry enviou uma correspondência ao anunciante em 20 de junho de 1902, nos seguintes termos:

> Tendo recebido o enviado no último dia 18, encaminho um formulário de acordo para os aposentos localizados no terceiro andar de 56A, Pall Mall, que concordei em alugar por dois dias, 26 e 27 do presente, pelo valor de 75l. Pelos motivos ofertados, não posso celebrar o acordo, mas, conforme acertado por telefone, segue anexo um cheque de 25l como depósito, agradeço se puder confirmar que terei o completo uso desses aposentos durante os dias (e não noites) de 26 e 27 do presente. Confie que teremos todo cuidado com a área e seu conteúdo. No dia 24 farei o pagamento da diferença, 50l, para completar os 75l acordados.[3]

Na mesma data, o anunciante (por meio de seu representante legal) enviou a seguinte resposta:

> Recebi sua carta desta data encaminhando um cheque de 25l como depósito de sua concordância em alugar os aposentos do Sr. Krell no terceiro andar de 56A, Pall Mall, por dois dias, 26 e 27 de junho, e confirmo que o senhor terá

---

1. INGLATERRA. Krell v. Henry (1903) 2 K.B. 740, Court of Appeal. Disponível em: <https://www.trans-lex.org/311100>. Acesso em: 21 set. 2018.
2. Tradução livre de: "*windows to view the coronation processions were to be let*". (INGLATERRA. Krell v. Henry (1903) 2 K.B. 740, Court of Appeal. Disponível em: <https://www.trans-lex.org/311100>. Acesso em: 21 set. 2018).
3. Tradução livre de: "*I am in receipt of yours of the 18th instant, inclosing form of agreement for the suite of chambers on the third floor at 56A, Pall Mall, which I have agreed to take for the two days, the 26th and 27th instant, for the sum of 75l. For reasons given you I cannot enter into the agreement, but as arranged over the telephone I inclose herewith cheque for 25l. as deposit, and will thank you to confirm to me that I shall have the entire use of these rooms during the days (not the nights) of the 26th and 27th instant. You may rely that every care will be taken of the premises and their contents. On the 24th inst. I will pay the balance, viz., 50l., to complete the 75l. agreed upon.*" (INGLATERRA. Krell v. Henry (1903) 2 K.B. 740, Court of Appeal. Disponível em: <https://www.trans-lex.org/311100>. Acesso em: 21 set. 2018).

todo o uso desses aposentos durante os dias (e não noites), a diferença, 501, deverá ser paga a mim na próxima terça-feira, 24 do presente.⁴

Com o cancelamento da coroação – justamente no dia 24 de junho –, Henry registrou seu desinteresse na locação e se recusou a pagar o restante do preço acordado, levando Krell a acioná-lo em juízo. Em sua defesa, Henry sustentou que o contrato foi baseado na condição implícita de que haveria a procissão, tanto que o preço acordado entre as partes foi muito superior ao que seria normalmente contratado para o apartamento em questão.

A *Court of Appeals* inglesa julgou improcedente a demanda, liberando Henry do pagamento do saldo. Afirmou a corte que, nesse tipo de caso, impõe-se analisar as seguintes questões: (i) diante de todas as circunstâncias do caso, qual era a base do contrato; (ii) a execução do contrato foi impedida; e (iii) pode-se afirmar razoavelmente que o evento que impediu a execução não foi contemplado pelas partes quando da celebração do contrato? No caso em questão, entendeu-se que a resposta às três indagações seria positiva, levando à liberação das partes do cumprimento de suas obrigações.

Especificamente em relação à primeira questão, asseverou-se ser necessário investigar, à luz das circunstâncias do caso reconhecidas por ambas as partes, qual seria a substância do contrato e se tal substância dependeria do pressuposto de que as coisas existam em determinado estado.⁵ Na hipótese específica, concluiu-se que:

---

4. Tradução livre de: "*I am in receipt of your letter of to-day's date inclosing cheque for 251. deposit on your agreeing to take Mr. Krell's chambers on the third floor at 56A, Pall Mall for the two days, the 26th and 27th June, and I confirm the agreement that you are to have the entire use of these rooms during the days (but not the nights), the balance, 501., to be paid to me on Tuesday next the 24th instant.*" (INGLATERRA. Krell v. Henry (1903) 2 K.B. 740, Court of Appeal. Disponível em: <https://www.trans-lex.org/311100>. Acesso em: 21 set. 2018.).

5. "Entendo que primeiro se deve verificar, não necessariamente a partir dos termos do contrato, mas, se preciso, das inferências necessárias, feitas a partir das circunstâncias reconhecidas por ambas as partes, qual é a substância do contrato e então indagas se tal substância contratual precisa, para a sua base, da presunção de existência de um determinado estado das coisas."

   Tradução livre de: "*I think that you first have to ascertain, not necessarily from the terms of the contract, but, if required, from necessary inferences, drawn from surrounding circumstances recognised by both contracting parties, what is the substance of the contract, and then to ask the question whether that substantial contract needs for its foundation the assumption of the existence of a particular state of things.*" (INGLATERRA. Krell v. Henry (1903) 2 K.B. 740, Court of Appeal. Disponível em: <https://www.trans-lex.org/311100>. Acesso em: 21 set. 2018)

Na minha visão, a realização da procissão naqueles dias e naquele percurso, que passaria por 56A, Pall Mall, foi considerada por ambos os contratantes como a base do contrato; e penso que não seria razoável supor que, quando da celebração do contrato, as partes teriam considerado a possibilidade de que a coroação não ocorreria naqueles dias ou que a procissão não ocorreria naqueles dias e naquele percurso. (...) Não apenas o interesse do contratante de assistir a coroação, mas a procissão de coroação e a posição dos aposentos formaram a base do contrato tanto para o contratado, quanto para o contratante; e penso que se o Rei tivesse falecido antes da coroação, mas após a celebração do contrato, o contratante não poderia ter insistido no uso dos aposentos naqueles dias.[6]

Vale registrar que os *coronation cases* não se resumem a *Krell v. Henry*, havendo outros casos interessantes, como *Herne Bay Steamboat Co. v. Hutton* e *Chandler v. Webster*.

No primeiro, o contratante havia alugado um barco com o objetivo de levar um grupo para "assistir a revista naval em Spithead e aproveitar um dia de cruzeiro em volta da frota".[7] O pedido de reembolso do preço foi rejeitado pela Corte Inglesa, por se entender que o propósito de Hutton não constituiu a base do contrato, ressaltando-se que "o barco (como um barco) não tinha nada de particular em relação à revista naval, exceto o fato de que poderia transportar pessoas para assisti-la: qualquer outro barco que pudesse transportar pessoas serviria para tal propósito".[8]

---

6. Tradução livre de: "*And in my judgment the taking place of those processions on the days proclaimed along the proclaimed route, which passed 56A, Pall Mall, was regarded by both contracting parties as the foundation of the contract; and I think that it cannot reasonably be supposed to have been in the contemplation of the contracting parties, when the contract was made, that the coronation would not be held on the proclaimed days, or the processions not take place on those days along the proclaimed route. (...) there is not merely the purpose of the hirer to see the coronation procession, but it is the coronation procession and the relative position of the rooms which is the basis of the contract as much for the lessor as the hirer; and I think that if the King, before the coronation day and after the contract, had died, the hirer could not have insisted on having the rooms on the days named.*" (INGLATERRA. Krell v. Henry (1903) 2 K.B. 740, Court of Appeal. Disponível em: <https://www.trans-lex.org/311100>. Acesso em: 21 set. 2018).
7. Tradução livre de: "*to view the royal naval review at Spithead and to enjoy a day's cruise around the fleet*" (BURROWS, Andrew. A casebook on contract. 3 Ed. Oxford: Hart Publishing, 2011. p. 695).
8. Tradução livre de: "*The ship (as a ship) had nothing particular to do with the review or the fleet except as a convenient carrier of passengers to see it: any other ship suitable for carrying passengers would have done equally as well.*" (INGLATERRA. Herne Bay Steam Boat Co. v. Hutton [1903] 2 KB 68. Disponível em: < http://www.lawandsea.net/List_of_Cases/H/HerneBaySteam_v_Hutton_1903_2_KB_683.html>. Acesso em: 28 set. 2018).

Interessante notar que, apesar das similaridades dos fatos do caso com aqueles narrados em *Krell v. Henry*, os julgadores – que, aliás, foram exatamente os mesmos juízes – deram solução diversa à disputa, tendo em vista as peculiaridades do bem locado e o fato de que o propósito da viagem não foi considerado pelos contratados. Ou seja, enquanto o apartamento de Krell tinha características específicas que o tornavam próprio para a finalidade de visualização da procissão, o barco de Herne Bay Steamboat Co. não tinha nada de especial, não havendo nas circunstâncias do caso qualquer indicativo de que o propósito de Hutton tenha se tornado a base do contrato.[9]

O caso *Chandler v. Webster* também tratou do aluguel de aposentos em Pall Mall com objetivo de assistir a procissão.[10] Porém, nessa hipótese, a integralidade do preço foi paga antes do cancelamento do evento, o que deu à corte inglesa a oportunidade de analisar a questão dos seus efeitos. Os julgadores entenderam que as partes deveriam ser deixadas na situação em que estavam quando ocorreu o evento que levou à frustração do fim do contrato[11]. Esse precedente criou

---

9. "Me parece que a referência no contrato à revista naval é facilmente explicável, ela foi inserida de modo a definir de forma mais exata a natureza da viagem, eu não sou capaz de trata-la como sendo uma referência de que a revista naval constitui a base do contrato, de modo a conferir a qualquer das partes o benefício da doutrina de Taylor v. Caldwell. Eu chego a essa conclusão mais facilmente porque o objeto da viagem não era limitado à revista naval, mas também incluía um passeio em volta da frota. A frota estava lá e os passageiros poderiam ter interesse em realizar o passeio. É verdade que, diante do que aconteceu, o objeto da viagem ficou limitado, mas, em minha opinião esse risco era do requerido, empreendedor do negócio em questão."
Tradução livre de: "*It seems to me that the reference in the contract to the naval review is easily explained; it was inserted in order to define more exactly the nature of the voyage, and I am unable to treat it as being such a reference as to constitute the naval review the foundation of the contract so as to entitle either party to the benefit of the doctrine in Taylor v Caldwell. I come to this conclusion the more readily because the object of the voyage is not limited to the naval review, but also extends to a cruise round the fleet. The fleet was there, and passengers might have been found willing to go round it. It is true that in the event which happened the object of the voyage became limited, but, in my opinion, that was the risk of the defendant whose venture the taking the passengers was.*" (INGLATERRA. Herne Bay Steam Boat Co. v. Hutton [1903] 2 KB 68. Disponível em: < http://www.lawandsea.net/List_of_Cases/H/HemeBaySteam_v_Hutton_1903_2_KB_683.html>. Acesso em: 28 set. 2018).
10. INGLATERRA. Chandler v Webster [1904] 1 KB 493. Disponível em: < http://www.lawandsea.net/List_of_Cases/C/Chandler_v_Webster_1904_1_KB_493.html>. Acesso em: 28 set. 2018.
11. "Em *Chandler v. Webster*, as cortes inglesas decidiram há mais de um século que as partes deveriam ser deixadas onde estavam no momento em que ocorreu o evento frustrante."

uma regra para os efeitos restitutórios e ressarcitórios do instituto, que só foi revista cerca de 40 anos depois, com o precedente *Fibrosa Spolka Akcyjna v. Fairbairn Lawson Combe Barbour, Ltd.*[12] e a posterior promulgação do *Law Reform (Frustrated Contracts) Act 1943*, conforme se verá no terceiro capítulo deste livro.

Fato é que os *coronation cases* e, especialmente, *Krell v. Henry*, são um marco na jurisprudência inglesa por se ter reconhecido que um contrato poderia ser extinto não apenas diante da impossibilidade de cumprimento da prestação, mas também em casos em que, embora o cumprimento da prestação ainda seja possível, a alteração das circunstâncias leva ao desaparecimento da base do contrato.[13]

1.1.2 Teoria da pressuposição

Enquanto no *Common Law* a doutrina da frustração se desenvolveu a partir de precedentes judiciais, na tradição romano-germânica, a origem histórica da frustração do fim do contrato é normalmente identificada com a teoria da pressuposição, desenvolvida por Bernard Windscheid em meados do Século XIX.

Não obstante, é digno de registro que o §378 do Código Prussiano (ALR), promulgado em 1794, já previa que "se em razão de uma transformação imprevista das circunstâncias, se fizer impossível a consecução da finalidade última de ambas as partes, expressamente declarada ou deduzida da natureza do negócio, cada uma das partes pode resolver o contrato ainda não cumprido".[14]

Tradução livre de: "*In Chandler v. Webster, the English courts decided over a century ago that the parties should be left where they were at the time of the frustrating event.*" (GOLDBERG, Victor. *After Frustration: Three Cheers for Chandler v. Webster*. Nova Iorque: Columbia Law School Working Paper, 2010.p. 8. Disponível em: <http://ssrn.com/abstract=1703123>. Acesso em: 28 set. 2018).

12. INGLATERRA. Fibrosa Spolka Akcyjna v Fairbairn Lawson Combe Barbour, Ltd. [1943] A.C. 32. Disponível em: <https://h2o.law.harvard.edu/text_blocks/664>. Acesso em: 28 set. 2018.
13. BEALE, Hugh et al. *Case, materials and text on contract law*. Oxford: Oregon, 2010. p. 1114.
14. Tradução livre de: "*si a causa de una imprevista transformación de las circunstancias se hiciere imposible la consecución de la finalidad última de ambas partes, expresamente declarada o deducida de la naturaleza del negocio, cada una de las partes puede resolver el contrato todavía no cumplido.*" (LARENZ, Karl. *Base del negocio jurídico y cumplimiento de los contratos*. Madrid: Editora Revista de Derecho Privado, 1956. p. 148).

De toda forma, não há dúvida de que grande parte das teorias desenvolvidas em torno da temática da alteração das circunstâncias (inclusive a teoria da pressuposição) derivam, originalmente, da medieval *clausula rebus sic stantibus*, já descrita como "uma das mais interessantes e potencialmente mais perigosas incursões ao *pacta sunt servanda*".[15] Em poucas palavras, trata-se da noção de que "um contrato é vinculante apenas enquanto e na medida em que (literalmente) as circunstâncias permaneçam iguais ao que eram no momento da celebração do contrato".[16][17]

O processo foi, de certa forma, interrompido por volta do Século XIX. Com o primado do dogma da liberdade contratual e da autonomia da vontade, não havia que se falar em restrição ou miti-

---

15. Tradução livre: "*one of the most interesting, and potentially most dangerous, inroads into pacta sunt servanda*" (ZIMMERMANN, Reinhard. *The law of obligations – roman foundations of the civilian tradition*. 2. Reimpressão. Cidade do Cabo: Juta & Co., 2006. p. 579).
16. Tradução livre: "a contract is binding only and as long and as far as (literally) matters remain the same as they were at the time of conclusion of the contract." (ZIMMERMANN, Reinhard. The law of obligations – roman foundations of the civilian tradition. 2. Reimpressão. Cidade do Cabo: Juta & Co., 2006. p. 579).
17. Interessante notar que, apesar de se tratar do antecedente teórico das doutrinas modernas de desequilíbrio superveniente dos contratos – que temperam a aplicação dos chamados princípios clássicos do direito contratual –, em sua origem, a *clausula rebus sic stantibus* não era vista como uma antítese à força vinculante dos contratos. Pelo contrário, a *clausula* encontrava seu fundamento justamente na vontade das partes. Uma vontade "hipotética", como espécie de condição implícita de que as partes só se manteriam obrigadas ao contratado se as circunstâncias permanecessem fundamentalmente iguais. Nesse sentido, Zimmerman anota: "Isso explica o que, à primeira vista, poderia parecer uma estranha coincidência: a doutrina da *clausula* foi promovida de forma mais vigorosa pelos autores que haviam sido instrumentais para estabelecer o princípio agora temperado pela *clausula*: o *pacta sunt servanda*. Pois, na origem de ambos, estava o princípio de que todos os pactos eram contestáveis e as suas limitações encontravam-se na significância especial conferida à vontade humana tanto pelos advogados canonistas, quanto pelos teólogos morais."
Tradução livre de: "*This explains what appears to be, at first blush, a strange coincidence: namely, that the clausula doctrine had been promoted most vigorously by those authors who had also been instrumental in establishing the very principle now qualified by the clausula: pacta sunt servanda. For at the bottom of both the principle that all pacts are actionable and of its limitations there lies the specific significance attributed by canon lawyers and moral theologians alike to the human will.*" (ZIMMERMANN, Reinhard. *The law of obligations – roman foundations of the civilian tradition*. 2ª Reimpressão. Cidade do Cabo: Juta & Co., 2006. p. 580-581).

gação aos efeitos vinculantes do contrato,[18] o que levou a "um novo e prolongado silêncio sobre a teoria da *clausula rebus sic stantibus*".[19]

Essa tendência, porém, não resistiu à inescapável realidade. Diante de guerras mundiais, hiperinflação e escassez generalizada, assistiu-se, durante o Século XX, ao retorno das discussões e ao desenvolvimento das teorias modernas em torno do desequilíbrio contratual superveniente. Percursor desse movimento, Bernhard Windscheid desenvolveu, ainda no Século XIX, sua teoria da pressuposição, cuja obra principal é *Die Lehre des römischen Rechts von der Voraussetzung*, publicada em 1850.[20]

O autor retorna ao dogma da vontade das partes, afirmando que a pressuposição seria uma condição não desenvolvida e não expressamente prevista na avença, mas que serviria de pressuposto para o contrato. Ou seja, existiria uma relação de dependência entre a declaração de vontade e determinadas circunstâncias pressupostas pelo declarante, na ausência das quais ele não teria celebrado o contrato naqueles termos.[21]

Desse modo, "se o estado de coisas pressuposto não existir ou não se concretizar ou deixar de existir, a relação jurídica constituída por meio da declaração de vontade não se mantém a não ser sem, ou melhor, contra a vontade do declarante".[22] Assim, "a subordinação da eficácia contratual a um qualquer estado de coisas resulta ainda

---

18. "Não havia aí qualquer espaço para a mitigação do efeito vinculante dos contratos em virtude de acontecimentos supervenientes, menos ainda para a sua revisão por cortes judiciais. O Estado, incluindo o Estado-juiz, não devia interferir no direito dos contratos, senão para emprestar sua força coercitiva em caso de eventual descumprimento pelo devedor (...)". SCHREIBER, Anderson. *Equilíbrio contratual e dever de renegociar.* São Paulo: Saraiva Educação, 2018. p. 138.
19. COSTA, Mariana Fontes da. *Da alteração superveniente das circunstâncias.* Coimbra: Almedina, 2017. p. 128.
20. WINDSCHEID, Bernhard. *Die Lehre des römischen Rechts von der Voraussetzung.* Dusseldorf: Buddeus, 1850.
21. "Para Windscheid, existe uma relação de dependência, que o declarante estabelece, entre a declaração negocial e certos acontecimentos ou estados de coisas. Quando essa relação de dependência teve uma influência decisiva sobre a vontade do declarante, em termos tais que, apesar de não ser condicionante da existência da declaração de vontade, sem ela o sujeito não teria contratado nos termos em que o fez, então ela deve ser elevada à categoria de pressuposição." (COSTA, Mariana Fontes da. *Da alteração superveniente das circunstâncias.* Coimbra: Almedina, 2017. p. 146.).
22. WINDSCHEID, Bernhard. Apud: MENEZES CORDEIRO, António Manuel da Rocha e. *Da boa fé no direito civil.* 2. Reimpressão. Coimbra: Livraria Almedina, 2001. p. 970.

diretamente da vontade das partes, tendo sido tida em conta, de alguma forma, no momento da conclusão do contrato".[23]

A teoria da pressuposição exerceu influência considerável e chegou a ser incluída no §742 da primeira versão do Código Civil alemão (BGB).[24]

Todavia, o referido dispositivo foi excluído na segunda versão do BGB, especialmente em razão das ferrenhas críticas formuladas por Otto Lenel.[25] Em primeiro lugar, entendeu-se que a consagração da teoria da pressuposição comprometeria a segurança jurídica das relações comerciais.[26] Ademais, afirmou-se que a pressuposição não seria um conceito legal útil e se confundiria com os motivos internos

---

23. COSTA, Mariana Fontes da. *Da alteração superveniente das circunstâncias*. Coimbra: Almedina, 2017. p. 146.
24. É bem verdade que Windscheid foi membro da comissão que elaborou a primeira redação do BGB.
25. "Esta não consagração no BGB ter-se-á devido, em grande medida, à acérrima crítica de Otto Lenel. Lenel começa a sua abordagem à teoria windscheidiana da pressuposição por afirmar a incongruência da consagração, no §742 do primeiro projeto do BGB, da relevância jurídica da pressuposição quanto a acontecimentos futuros e a irrelevância que do projeto resulta quanto ao erro sobre os motivos. Defende o Autor que, assentando uma doutrina num princípio único, não se pode aceitar parte dela correta e rejeitar a outra parte, pelo que rejeitar a relevância da pressuposição quanto a factos passados e presentes implicaria necessariamente rejeitar a relevância da pressuposição quanto a factos futuros. Centrando a atenção no conteúdo dogmático da teoria, O. Lenel argumenta que a teoria da pressuposição é incompatível com a segurança exigida para o comércio jurídico. Alega o Autor que não existe, nem é possível delimitar, nenhuma figura intermediária entre a condição e os motivos, pelo que o esquema da pressuposição implicaria reconhecer relevância autónoma aos motivos que levaram o sujeito a celebrar o contrato, ou, em alternativa, submeter a contraparte a uma condição que ela ignorava, ou que, conhecendo, não esteve disposta, aquando da celebração, a incluir no contrato. Ambas as conclusões seriam juridicamente inadmissíveis. Estes críticas receberam, no todo ou em parte, acolhimento alargado por um setor significativo da doutrina germânica predominante à época, tendo sido repetidas com frequência nas obras dedicadas a esta temática nas primeiras décadas do século XX." (COSTA, Mariana Fontes da. *Da alteração superveniente das circunstâncias*. Coimbra: Almedina, 2017. p. 147).
26. "A principal objeção levantada pelos adversários de Windscheid era que motivos unilaterais, embora reconhecíveis pela outra parte, não poderiam ser tratados como condições, a menos que se tornassem termos do contrato. Tanto a segurança jurídica como a segurança das transações comerciais estariam em grande perigo se uma das partes pudesse repassar seu risco contratual à outra parte."
Tradução livre de: "*The main objection raised by Windscheid's opponents was that unilateral motives, even though recognizable by the other party, could not be treated like conditions unless they had become terms of the contract. Both legal certainty and the security of commercial dealings would be in great danger if one party were allowed to pass on his contractual risk to the other party.*" (LORENZ, Werner. Contract modification as a result of change

de uma das partes, não sendo legítimo submeter a contraparte a uma condição que não foi por ela contratada.[27]

Anos depois, ao comentar a polêmica em torno da teoria da pressuposição, Windscheid afirmou: "estou convencido de que a teoria da pressuposição (...) voltará de tempos em tempos a mostrar seu reconhecimento. Posta de fora pela porta, ela voltará pela janela".[28] E, de fato, ele não parecia estar errado. Apesar de duramente criticada à época de sua publicação, a teoria da pressuposição rapidamente voltou às discussões doutrinárias e jurisprudenciais, sendo reconhecida como a fonte original do que atualmente se denomina frustração do fim do contrato.

1.1.3 Teoria da base objetiva do negócio

Influenciado por Windscheid e pelos eventos mundiais que marcavam o início do Século XX, em 1921, Oertmann desenvolveu a teoria da base do negócio (*die Geschäftsgrundlage*). Ao criticar a pressuposição como uma condição unilateral não desenvolvida, o autor sustentou que o elemento da cognoscibilidade não seria suficiente, impondo-se a existência de uma bilateralidade efetiva, presente quando "as partes querem apoiar os efeitos do negócio em certas circunstâncias ou feitos com os quais contam e não os elevam à condições, justamente porque pressupõem a sua existência".[29]

---

of circumstances. In: BEATSON Jack e FRIEDMANN, Daniel (coord). *Good Faith and Fault in Contract Law*. Oxford: Oxford University Press, 1995. p. 361).

27. "(...) o esquema da pressuposição implicaria, de facto, submeter uma pessoa a uma condição por ela não aceita. Por uma de duas hipóteses: ou a contraparte do negócio desconhece, em absoluto, a 'pressuposição' – cenário possível, uma vez que Windscheid exigira, para a eficácia da pressuposição, não o seu conhecimento, mas a sua mera cognoscibilidade pela outra parte – ou, conhecendo-a, não esteve disposta, na conclusão do negócio, a fazê-lo depender dela, tomando-a como mero assunto particular da outra parte." (MENEZES CORDEIRO, António Manuel da Rocha e. *Da boa fé no direito civil*. 2. Reimpressão. Coimbra: Livraria Almedina, 2001. p. 974).

28. Tradução livre de: "*I am firmly convinced that the tacit pressupposition (...) will time and again claim recognition. Thrown out by the door, it will always re-enter through the window.*" (WINDSCHEID, *Die Voraussetzung*, AcP 78, 1892. p. 197. Apud: LORENZ, Werner. Contract modification as a result of change of circumstances. In: BEATSON, Jack; FRIEDMANN, Daniel (coord). *Good Faith and Fault in Contract Law*. Oxford: Oxford University Press, 1995. p. 362).

29. Tradução livre de: "*las partes quieren apoyar los efectos del negocio en ciertas circunstancias o hechos con los cuales cuentan y no los elevan a condición, precisamente, porque presuponen*

Desse modo, segundo Oertmann, a base do negócio seria composta por "circunstâncias que, se as partes tivessem alguma dúvida sobre a sua continuidade ou modo de evolução, teriam sido elevadas à categoria de condição".[30]

Essa teoria, todavia, também sofreu duras críticas, em razão de sua natureza eminentemente subjetivista e da falta de critérios que permitissem a identificação de quais assunções ou pressuposições das partes deveriam ser alçadas ao nível de base do negócio.[31] Em contraposição à subjetividade de Windscheid e Oertmann, surgem teorias como as de Kaufmann, Krückmann e Locher que buscam se desenvolver a partir de elementos objetivos, trabalhando a noção de fim do contrato, na tentativa de conferir maior segurança à atividade jurisdicional.[32]

Então, Larenz escreve a obra *Geschäftsgrundlage und Vertragserfüllung* em esforço para compatibilizar as diferentes teorias existentes, tratando a base subjetiva e a base objetiva como hipóteses fáticas diferentes que geram consequências jurídicas igualmente diversas.

Para o autor, a base subjetiva do negócio seria a vontade de uma ou ambas as partes no momento da celebração do contrato, entendida como uma representação mental que influiu fortemente na formação

---

su existencia." (APARICIO, Juan Manuel. *La frustración del fin del contrato*. In: Revista de Derecho Privado y comunitário, 2014.1. Rubinzal-Culzoni Editores. p. 167-168).

30. COSTA, Mariana Fontes da. *Da alteração superveniente das circunstâncias*. Coimbra: Almedina, 2017. p. 152.

31. "Desde logo, parece de reconhecer que se a base do negócio, nos termos subscritos por Oertmann, não resulta do conteúdo das declarações de vontade das partes, então ela terá necessariamente de resultar das negociações anteriores ou posteriores à celebração do contrato, sem que o seu teor nele seja incorporado, novamente tornando fluída a distinção entre condição e motivo. Mais, esta teoria falha na identificação de um critério seguro que permita aferir, de entre todas as assunções feitas por cada uma das partes aquando da formação da sua vontade negocial, quais devem ser elevadas a base do negócio. Afirme-se, ainda, que o mero reconhecimento e não contestação das representações sobre as quais assenta a vontade do declarante não permitem concluir pela anuência do declaratório à subordinação do negócio jurídico à verificação efetiva das mesmas." (COSTA, Mariana Fontes da. *Da alteração superveniente das circunstâncias*. Coimbra: Almedina, 2017. p. 153-154).

32. "Parte da doutrina alemã procurou, em sentido oposto à abordagem subjetiva ou psicológica que caracteriza as teorias de Windscheid e Oertmann, desenvolver teorias fundadas em elementos objetivos, no afã de atribuir maior segurança ao trabalho das cortes judiciais." (SCHREIBER, Anderson. *Equilíbrio contratual e dever de renegociar*. São Paulo: Saraiva Educação, 2018. p. 143).

de seus motivos.³³ A base subjetiva deve ser tratada no campo dos motivos e tem relevância jurídica no que diz respeito à aplicação de institutos como o erro e os vícios de vontade.³⁴

Já a base objetiva do negócio seria o "conjunto de circunstancias cuja existência ou persistência é pressuposto do contrato – saibam-no ou não as partes –, já que, se assim não fosse, não se alcançaria o fim do contrato, o propósito das partes contraentes e a subsistência do contrato não teria 'sentido, fim ou objetivo'".³⁵

Segundo a construção de Larenz, a quebra da base objetiva do negócio poderia ocorrer em dois casos: (i) a destruição da relação de equivalência entre as partes; ou (ii) a impossibilidade de alcançar o fim do contrato.³⁶

---

33. "A expressão 'base do negócio' pode ser entendida, e assim o foi, em um duplo sentido. Em primeiro lugar, como a base 'subjetiva' da determinação de vontade de uma ou de ambas as partes, como uma representação mental existente ao concluir o negócio e que influenciou grandemente na formação dos motivos. (...)"
    Tradução livre de: *"La expresión 'base del negocio' puede ser entendida, y así lo ha sido, en un doble sentido. En primer lugar, como la base 'subjetiva' de la determinación de la voluntad de una o de ambas partes, como una representación mental existente al concluir el negocio que ha influido grandemente en la formación de los motivos. (...)"* (LARENZ, Karl. *Base del negocio jurídico y cumplimiento de los contratos*. Madrid: Editora Revista de Derecho Privado, 1956. p. 37).
34. "A base subjetiva do negócio jurídico entra, como dissemos, no campo dos motivos e deve ser concebida juridicamente dentro da teoria do erro nos motivos e 'vícios de vontade'."
    Tradução livre de: *"La base del negocio subjetiva entra, como hemos dicho, en el campo de los motivos y ha de concebirse jurídicamente dentro de la teoría del error en los motivos y de los 'vicios de voluntad'."* (LARENZ, Karl. *Base del negocio jurídico y cumplimiento de los contratos*. Madrid: Editora Revista de Derecho Privado, 1956. p. 38).
35. Tradução livre de: "conjunto de circunstancias cuya existencia o persistencia presuponen debidamente el contrato – sépanlo o no los contratantes –, ya que, de no ser así, no se lograría el fin del contrato, el propósito de las partes contratantes y la subsistencia del contrato no tendría 'sentido, fin u objeto'." (LARENZ, Karl. *Base del negocio jurídico y cumplimiento de los contratos*. Madrid: Editora Revista de Derecho Privado, 1956. p. 37)
36. "A impossibilidade de alcançar o fim objetivo do contrato destacado em seu conteúdo, ou, na terminologia de KRÜCKMANN, a impossibilidade de atingir a consecução do fim (ou do exercício do direito), constitui, ao lado da destruição da relação de equivalência, a segunda hipótese de fato típico em que (de forma independente à hipótese juridicamente regulada de impossibilidade da prestação) o contrato não merece ser conservado ou ser conservado sem modificações por ter perdido seu sentido originário."
    Tradução livre de: *"La imposibilidad de alcanzar el fin objetivo del contrato puesto de relieve en el contenido del mismo, o, según la terminología de KRÜCKMANN, la imposibilidad de consecución del fin (o del ejercicio del derecho), constituye, al lado de la destrucción de la relación de equivalencia, el segundo supuesto de hecho típico al realizarse el cual*

1 • FRUSTRAÇÃO E FUNDAMENTO NO ORDENAMENTO BRASILEIRO

A primeira hipótese é a mais reproduzida e comentada em nosso ordenamento, sendo comumente enfrentada pelos doutrinadores brasileiros que analisam a sua obra, especialmente quando o fazem no contexto do estudo da onerosidade excessiva, expressamente contemplada no Código Civil brasileiro.

Porém, e é essa hipótese que mais interessa ao presente trabalho, Larenz também explorou a possibilidade de quebra da base objetiva quando a finalidade do contrato se tornasse inalcançável, embora a prestação do devedor ainda fosse possível.[37] Ao tratar do tema, o autor assevera que a finalidade imediata das partes em um contrato bilateral é obter a contraprestação. Não obstante, habitualmente as partes terão também uma segunda ou até uma terceira finalidade, como, por exemplo, a de usar o bem adquirido para determinado fim.[38]

(con independencia del caso, legalmente regulado, de imposibilidad de la prestación) el contrato no merece ser conservado o serlo sin modificaciones por haber perdido su sentido originario." (LARENZ, Karl. Base del negocio jurídico y cumplimiento de los contratos. Madrid: Editora Revista de Derecho Privado, 1956. p. 147).

37. "Um contrato não pode subsistir como regulação dotada de significado: (...) b) quando a finalidade objetiva do contrato, expressa em seu conteúdo, resultou inalcançável, mesmo quando a prestação do devedor ainda for possível. 'Finalidade objetiva do contrato' é a finalidade de uma das partes se a outra também a fez sua. Isto deve ser admitido especialmente quando tal propósito é derivado da natureza do contrato e quando determinou o conteúdo da prestação ou o valor da contraprestação."
Tradução livre de: "Un contrato no puede subsistir como regulación dotada de sentido: (...) b) cuando la finalidad objetiva del contrato, expresada en su contenido, haya resultado inalcanzable, aun cuando la prestación del deudor sea todavía sea posible. 'Finalidad objetiva del contrato' es la finalidad de una parte si la otra la hizo suya. Esto ha de admitirse especialmente cuando tal finalidad se deduzca de la naturaleza del contrato y cuando ha determinado el contenido de la prestación o la cuantía de la contraprestación." (LARENZ, Karl. Base del negocio jurídico y cumplimiento de los contratos. Madrid: Editora Revista de Derecho Privado, 1956. p. 170).

38. "A finalidade primeira e imediata de cada parte de um contrato bilateral é obter a contraprestação. O comprador deseja dispor dos bens adquiridos; o arrendatário, usar de maneira normal ou acordado a coisa arrendada; o comissário, que a obra contratada seja realizada. Esta finalidade é clara a partir da natureza do contrato em questão; é uma finalidade comum, já que cada parte quer perseguir a finalidade do outro para obter o seu; portanto, é necessariamente o conteúdo do contrato. Mas essa primeira finalidade geralmente está ligada no âmbito das representações das partes com uma segunda e, às vezes até, uma terceira finalidade: o comprador vai querer usar a coisa para um determinado propósito (por exemplo, consumi-la, fazer um presente de casamento com ela, ou aliená-lo depois de tê-la transformado em outra coisa); o arrendador, usar as instalações arrendadas de uma certa maneira (por exemplo, para explorar uma certa indústria), etc."

Para que tais finalidades integrem a finalidade objetiva do contrato – passível, portanto, de ensejar a quebra da base objetiva –, é preciso que a contraparte as assuma como suas. Ou seja, nas palavras do autor, a finalidade objetiva do contrato é "a finalidade de uma parte se a outra a fez sua. Isso se admite especialmente quando tal finalidade se deduza da natureza do contrato e quando houver determinado o conteúdo da prestação ou a quantia da contraprestação".[39]

Por outro lado, não deverão ser levadas em conta, as circunstâncias (i) pessoais ou que estejam sob o controle da parte prejudicada; (ii) que repercutam no contrato apenas porque a parte prejudicada estava em mora; e (iii) que integravam o risco do contrato.[40]

Com o desaparecimento do fim do contrato, configura-se a quebra da base objetiva do contrato e, por conseguinte, autoriza-se a extinção do vínculo.

Tradução livre de: "*La finalidad primera e inmediata de cada parte de un contrato bilateral es obtener la contraprestación. El comprador quiere disponer de las mercancías compradas; el arrendatario, usar del modo normal o convenido la cosa arrendada; el comitente, que se realice la obra contratada. Esta finalidad se desprende de la naturaleza del contrato en cuestión; es una finalidad común, puesto que cada parte quiere procurar la finalidad de la otra para así conseguir la suya; por tanto, es necesariamente contenido del contrato. Pero esta primera finalidad se enlaza de ordinario en las representaciones de las partes con una segunda y, aún a veces, una tercera finalidad: el comprador querrá emplear la cosa para un determinado fin (por ejemplo, consumirla, hacer con ella un regalo de boda o enajenarla después de haberla transformado en su industria); el arrendador, usar de cierto modo los locales arrendados (por ejemplo, explorar en ellos una determinada industria), etc.*" (LARENZ, Karl. *Base del negocio jurídico y cumplimiento de los contratos*. Madrid: Editora Revista de Derecho Privado, 1956. p. 166).

39. Tradução livre de: "*es la finalidad de una parte si la otra la hizo suya. Esto ha de admitirse especialmente cuando tal finalidad se deduzca de la naturaleza del contrato y cuando ha determinado el contenido de la prestación o la cuantia de la contraprestación.*" (LARENZ, Karl. *Base del negocio jurídico y cumplimiento de los contratos*. Madrid: Editora Revista de Derecho Privado, 1956. p. 170).

40. "Não devem ser levados em consideração, em sentido contrário, eventos e transformações que: a) são pessoais ou estão na esfera de influência da parte prejudicada (neste caso, opera como limite a 'força maior'); b) afetaram o contrato somente porque a parte prejudicada se encontrava, no momento da ocorrência do prejuízo, em *mora solvendi* ou *accipiendi*; c) porque, sendo previsíveis, fazem parte do risco assumido no contrato."

Tradução livre de: "*No han de tenerse en cuenta, por el contrario, los acontecimientos y transformaciones que: a) son personales o están en la esfera de influencia de la parte perjudicada (en este caso opera como limite la "fuerza mayor"); b) repercutieron en el contrato tan sólo porque la parte por ellos perjudicada se encontraba, al producirse los mismos, em mora solvendi o accipiendi; c) porque, siendo previsibles, forman parte del riesgo asumido en el contrato.*" (LARENZ, Karl. *Base del negocio jurídico y cumplimiento de los contratos*. Madrid: Editora Revista de Derecho Privado, 1956. p. 170).

1.2 O DESENVOLVIMENTO DA FRUSTRAÇÃO DO FIM DO CONTRATO NAS EXPERIÊNCIAS JURÍDICAS ESTRANGEIRAS

A partir dos antecedentes teóricos tratados no item anterior e da necessidade prática verificada diante da ocorrência de eventos extraordinários, como guerras mundiais e crises econômicas severas, que afetaram sobremaneira os contratos e relações comerciais, a frustração do fim do contrato se desenvolveu na doutrina e na jurisprudência em diferentes países. Atualmente, a frustração do fim do contrato é aplicada em diversas experiências jurídicas como forma de resolver questões específicas, cuja solução não foi possível por meio da aplicação de institutos jurídicos tradicionais, já anteriormente consolidados naqueles ordenamentos.

Evidentemente sem a pretensão de realizar estudo de direito comparado, pode-se dar notícia de peculiaridades da evolução do instituto em alguns dos países onde a frustração do fim do contrato se tornou mais relevante.

Na Inglaterra e nos Estados Unidos, a *doctrine of frustration* se desenvolveu, como era de se esperar, a partir dos *coronation cases*.[41] O instituto foi alçado às luzes em terras americanas com os chamados *liquour prohibition cases*. Com a proibição da comercialização de bebidas alcoólicas na década de 1920, locatários de espaços utilizados para o referido fim buscaram a rescisão de contratos de locação alegando justamente a aplicabilidade da doutrina da frustração do fim do contrato. E, de fato, nos casos em que estava previsto expressamente que os espaços seriam utilizados para a venda de bebidas alcóolicas, os contratos foram extintos.

Maior discussão houve nas hipóteses em que as partes estabeleceram que o local serviria como "taberna" (*saloon*). Embora haja precedente no sentido de que os contratos deveriam ser mantidos na medida em que o locatário poderia utilizar o espaço para outras finalidades – como a venda de bebidas não-alcóolicas –, tal entendimento

---

41. Kiley ressalta que a doutrina destacou o termo 'frustrado' que constava do julgado *Krell v. Henry* e passou a denominar o instituto como "*doctrine of frustration*" (KILEY, Roger. The doctrine of frustration. In: *American Bar Association Journal*, v. 46, n. 12, Dezembro, 1960. p. 1293).

é criticado pela doutrina e por outros julgados, que concluíram que a atividade comercial de uma taberna não teria viabilidade diante da proibição de sua finalidade principal.[42]

A partir desses e de outros casos concretos – alguns dos quais serão explorados ao longo deste livro –, o instituto se desenvolveu nos Estados Unidos. A sua aplicabilidade no ordenamento americano foi reconhecida pelo *Restatement (Second) of Contracts*, documento elaborado pelo *American Law Institute* com a pretensão de uniformizar o entendimento doutrinário e jurisprudencial em relação a princípios gerais de contratos. De acordo com o referido enunciado, a frustração do fim do contrato autoriza a liberação das partes, nas seguintes circunstâncias:

> § 265. Liberação por frustração superveniente: Quando, após a celebração do contrato, a principal finalidade da parte é substancialmente frustrada sem a sua culpa, em razão da ocorrência de evento, cuja não ocorrência era uma presunção básica com base na qual o contrato foi celebrado, suas obrigações remanescentes são liberadas, ao menos que a linguagem ou as circunstâncias indiquem o contrário.[43]

A *frustration of purpose*[44] é vista pela doutrina como a outra face da *impracticability*, esta última configurada quando um evento extraordinário tornar o cumprimento da obrigação comercialmente impraticável, isto é, quando importar em custo excessivo ou irrazoável para o devedor.[45]

---

42. Para uma análise sobre esse grupo de casos, confira-se: TREITEL, Sir Guenter. *Frustration and force majeure*. 3 Ed., Londres: Thomson Sweet & Maxwell, 2014. p. 332-334.
43. Tradução livre de: "*Discharge by supervening frustration. Where, after a contract is made, a party's principal purpose is substantially frustrated without his fault by the occurrence of an event the non-occurrence of which was a basic assumption on which the contract was made, his remaining duties to render performance are discharged, unless the language or circumstances indicate the contrary.*"
44. Vale registrar que, na Inglaterra, o termo *frustration* é gênero do qual impossibilidade e frustração do fim do contrato são espécies. Para facilidade de referência, será utilizada a terminologia americana. (FARNSWORTH, E. Allan *et al*. *Contracts – Cases and Material*. 4 Ed., Nova Iorque: Foundation Press, 2008. p. 634).
45. A *impracticability* foi positivada na Seção 2.615(a) do Código Comercial Uniforme dos Estados Unidos: "Liberação por falha das condições pressupostas. O atraso na entrega ou a não entrega total ou parcial pelo vendedor que cumprir os parágrafos (b) e (c) não será considerado inadimplemento de suas obrigações em um contrato de compra e venda se o cumprimento conforme acordado se tornou impraticável diante da ocorrência de contingências cuja não ocorrência era uma assunção básica do contrato (...)".

Nesse sentido, Treitel leciona que, no *Common Law*, "a frustração do fim do contrato, portanto, se assemelha à *impracticability* na medida em que pode autorizar a extinção de contrato em casos que não atendem os requisitos de impossibilidade".[46] No entanto, de modo geral, a *impracticability* costuma ser alegada pela parte que tem a obrigação de fornecer determinado produto ou serviço – cujo fornecimento se tornou excessivamente oneroso –, enquanto o remédio da *frustration* é normalmente invocado pelo credor porque a obrigação do devedor, embora ainda possível, "se tornou inútil para o credor para a finalidade que ambas as partes pretendiam".[47]

Não obstante o instituto tenha sido objeto de críticas, permanece, atualmente, "amplo consenso" no reconhecimento da sua utilidade nos Estados Unidos e na Inglaterra, à vista da insuficiência de institutos próximos.[48] Nessa linha, vale citar trecho da decisão da *House of Lords* inglesa, que se tornou famosa por definir a seara de aplicação do instituto:

Tradução livre de: "*Section 2.615(a) of the Uniform Commercial Code: Excuse by Failure of Presupposed Conditions. Delay in delivery or non-delivery in whole or in part by a seller who complies with paragraphs (b) and (c) is not a breach of his duty under a contract for sale if performance as agreed has been made impracticable by the occurrence of a contingency the non-occurrence of which was a basic assumption on which the contract was made (...)*".

46. Tradução livre de: "*Frustration of purpose thus resembles impracticability in that it can lead to discharge of contracts in cases falling short of impossibility.*" (TREITEL, Sir Guenter. Frustration and force majeure. 3 Ed., Londres: Thomson Sweet & Maxwell, 2014. p. 307).
47. Tradução livre de: "*because the supplier's performance is no longer of any use to the recipient for the purpose for which both parties had intended it to be used.*" (TREITEL, Sir Guenter. Frustration and force majeure. 3 Ed., Londres: Thomson Sweet & Maxwell, 2014. p. 307).
48. "Por essa razão, os tribunais e comentaristas concordam que o uso da doutrina da frustração deve ser 'estritamente limitado', e alguns até favorecem a abolição. No entanto, ainda existe um amplo consenso de que, em casos suficientemente graves, em que um evento verdadeiramente extraordinário e inesperado destrói totalmente o valor de um contrato para uma parte – como em *Krell v. Henry* – a doutrina da frustração deve liberar essa parte do cumprimento da prestação."
Tradução livre de: "*For this reason, courts and commentators agree that the use of the Frustration doctrine should be 'rather strictly limited', and some even favor abolition. Nevertheless there remains a broad consensus that in a sufficiently severe cases, where a truly extraordinary and unexpected event totally destroys the value of a contract to a party – as in Krell v. Henry – the Frustration doctrine should excuse that party from performance.*" (SCHWARTZ, Andrew A. *A 'standard clause analysis' of the frustration of doctrine and the material adverse change clause*. In: 57 UCLA L. Rev. 789 (2010). Disponível em: <https://scholar.law.colorado.edu/articles/451/>. Acesso em: 28 set. 2018. p. 18).

Portanto, talvez seja mais simples dizer, desde o início, que a frustração ocorre quando a lei reconhece que, sem inadimplemento de qualquer das partes, a obrigação contratual não pode mais ser cumprida porque as circunstâncias em que se requer o cumprimento o tornariam algo radicalmente diferente daquilo que foi contratado. *Non haec in foedera veni*. Não foi isso o que prometi fazer.[49]

Também na Alemanha a discussão acerca da frustração do fim contrato – ou da perturbação da base do contrato – se consolidou por meio da atividade jurisprudencial. Após o fracasso da tentativa de incluir a teoria da pressuposição na redação original do BGB, como visto no item 1.1 acima, a questão voltou pela "janela", confirmando a profecia de Windscheid.

Com efeito, a partir da realidade vivida no pós-guerra, a jurisprudência tedesca passou a admitir a extinção ou revisão de contratos diante da alteração das circunstâncias, em casos caracterizados pela perturbação grave da equivalência das prestações e perturbação ou frustração do fim do contrato.[50]

---

49. Tradução livre de: "*So perhaps it would be simples to say at the outset that frustration occurs whenever the law recognizes that without default of either party a contractual obligation has become incapable of being performed because the circumstances in which performance is called for would render it a thing radically different from that which was undertaken by the contract. Non haec in foedera veni. It was not this that I promised to do.*" (INGLATERRA. Davis Contractors Ltd. v. Fareham Urban District Council [1956] AC 696, House of Lords. Disponível em: <https://www.trans-lex.org/311200/_/davis-contractos-ltd-v%-C2%A0fareham-urban-district-council%C2%A0%5B1956%5D-ac-696//>. Acesso em: 10 out. 2018).

50. "A aceitação do conceito de *Geschäftsgrundlage* ocorreu no período de hiperinflação após a Primeira Guerra Mundial. Após resistência inicial a intervir, a Corte Imperial (*Reichsgericht*: RG) começou a equiparar a situação na qual a prestação não pode ser razoavelmente esperada com a de impossibilidade de prestação (chamada *impossibilidade econômica*); o Tribunal também se referiu aos §§ 157, 242 BGB, ou seja, às disposições sobre boa fé, em geral. Então, na decisão *Vigognespinnerei* proferida em 3 de fevereiro de 1922, o RG pela primeira vez referiu-se a Oertmann. Com base na noção de boa-fé, sua doutrina permitia que um contrato fosse reajustado ou mesmo rescindido pelo tribunal em vista de uma mudança fundamental de preço que ocorrera desde a sua conclusão (RG 3 de fevereiro de 1922, RGZ 103, 328, 331ff; GR 28 de novembro de 1923, RGZ 107, 78 e segs."

Tradução livre de: "*The acceptance of the concept of Geschäftsgrundlage took place in the hyperinflation period after World War I. Following initial resistance to intervene, the Imperial Court (Reichsgericht: RG) first began to equate the situation where performance cannot reasonably be expected with that of impossibility of performance (so-called economic impossibility); the Court also referred to §§ 157, 242 BGB, ie. the provisions on – good faith, in general. Then, in the Vigognespinnerei decision handed down on 3 February 1922, the RG for the first time referred to Oertmann. Based on the notion of good faith, his doctrine allowed a contract to be re-adjusted or even to be terminated by the court in view of a fun-*

Já em 1961, admitia-se que a aplicação da doutrina da perturbação da base do contrato não levava a uma intervenção judicial injustificada, em violação à máxima do *pacta sunt servanda*, mas decorria de uma exigência da cláusula geral de boa-fé estabelecida nos §§ 157[51] e 242[52] do BGB, na medida em que "o direito dos contratos não pode ser visto como uma avenida para o exercício absoluto da autonomia privada, abstraída dos elementos sociais".[53]

E, pouco a pouco, a aplicação do instituto no ordenamento alemão foi se afastando de uma abordagem "subjetiva" e "fictícia", para passar a compreender a base do contrato como "as circunstâncias cuja existência continuada seja objetivamente necessária para que se alcance o propósito do contrato".[54]

De acordo com a doutrina, a aplicação jurisprudencial da frustração do fim do contrato evidencia que "as cortes alemãs parecem mais dispostas a intervir e ajustar contratos do que as inglesas" e que "demonstram uma forte preferência a fazê-lo através da noção de frustração ao invés de impossibilidade ou erro, talvez porque lhes confira mais espaço para manobrar e ajustar as obrigações contratuais".[55]

---

damental price chance that had occurred since its conclusion (RG 3 February 1922, RGZ 103, 328, 331ff; RG 28 November 1923, RGZ 107, 78 ff)." (RÖSLER, Hannes. Change of Circumstances. In: The Max Planck Encyclopedia of European Private Law. Oxford: Oxford University Press, 2012. p. 164).

51. "§ 157. Interpretação de contratos. Os contratos devem ser interpretados de acordo com a boa-fé, levando-se em conta os usos comuns." Tradução livre de: "*Section 157. Interpretation of contracts. Contracts are to be interpreted as required by good faith, taking customary practice into consideration.*" (Disponível em: <http://www.fd.ulisboa.pt/wp-content/uploads/2014/12/Codigo-Civil-Alemao-BGB-German-Civil-Code-BGB--english-version.pdf>. Acesso em: 10 out. 2018).

52. "§ 242. Cumprimento de boa-fé. O obrigado tem o dever de cumprir sua obrigação de acordo com a boa-fé, levando-se em conta os usos e costumes." Tradução livre de: "*Section 242. Performance in good faith. An obligor has a duty to perform according to the requirements of good faith, taking customary practice into consideration.*" (Disponível em: <http://www.fd.ulisboa.pt/wp-content/uploads/2014/12/Codigo-Civil-Alemao--BGB-German-Civil-Code-BGB-english-version.pdf>. Acesso em: 10 out. 2018).

53. Tradução livre de: "*Contract law is not regarded as an avenue for the exercise of complete party autonomy abstracted from social elements.*" (HAY, Peter. Frustration and its solution in German law. In: The American Journal of Comparative Law, v. 10, n. 4, 1961, p. 362).

54. Tradução livre de: "*the basis of the contract has been defined in terms of the circumstances whose continued existence is objectively necessary to achieve the contractual purpose.*" (HAY, Peter. Frustration and its solution in German law. In: The American Journal of Comparative Law, v. 10, n. 4, 1961, p. 361).

55. Tradução livre de: "(...) *the German courts seem if anything more willing than the English to intervene and adjust the contract. The cases also show a strong preference for doing this*

Em 2002, com a reforma do direito das obrigações no BGB, incluiu-se previsão legal expressa que trata da hipótese de perturbação da base do negócio. Confira-se:

> § 313. Perturbação da base do negócio.
>
> (1) Caso as circunstâncias que serviram de base para o negócio se alterem de forma significativa após a celebração do contrato e se as partes não teriam contratado ou teriam contratado de forma diversa se pudessem prever tal alteração, o reajuste do contrato poderá ser pleiteado, na medida em que, levando em conta todas as circunstâncias do caso concreto, em particular a distribuição de riscos contratual e legal, não se possa esperar razoavelmente que uma das partes mantenha o contrato sem alterações.
>
> (2) É equivalente à alteração das circunstâncias a situação em que as concepções materiais que formaram a base do contrato estiverem incorretas.
>
> (3) Caso o reajuste do contrato não seja possível ou não se possa razoavelmente esperar que uma das partes o aceite, a parte em desvantagem poderá se retirar do contrato. No caso de obrigações contínuas, o direito de rescisão toma o lugar do direito de se retirar.[56]

Interessante notar que a referida disposição não foi considerada uma grande inovação no ordenamento alemão, vindo apenas positivar o entendimento já consolidado na jurisprudência e na doutrina.[57] Além disso, vale registrar que, em linha com a teoria da base objetiva

---

through the notion of 'frustration' rather than impossibility or mistake, perhaps because this gives them more room to maneuver and fine-tune the contractual obligations." (MARKESINIS, Basil S. et al. *The German Law of Contract.* 2 Ed., Oxford: Hart Publishing, 2006. p. 343).

56. Tradução livre de: *"Section 313. Interference with the basis of the transaction.*
   (1) If circumstances which became the basis of a contract have significantly changed since the contract was entered into and if the parties would not have entered into the contract or would have entered into it with different contents if they had foreseen this change, adaptation of the contract may be demanded to the extent that, taking account of all the circumstances of the specific case, in particular the contractual or statutory distribution of risk, one of the parties cannot reasonably be expected to uphold the contract without alteration.
   (2) It is equivalent to a change of circumstances if material conceptions that have become the basis of the contract are found to be incorrect.
   (3) If adaptation of the contract is not possible or one party cannot reasonably be expected to accept it, the disadvantaged party may withdraw from the contract. In the case of continuing obligations, the right to terminate takes the place of the right to withdraw." (Disponível em: <http://www.fd.ulisboa.pt/wp-content/uploads/2014/12/Codigo-Civil-Alemao-BGB-German-Civil-Code-BGB-english-version.pdf>. Acesso em: 10 out. 2018).

57. RÖSLER, Hannes. *Hardship in German Codified Private Law – In Comparative Perspective to English, French and International Contract Law.* In: European Review of Private Law, v. 15, n. 4, 2007. p. 486.

de Larenz, as hipóteses de onerosidade excessiva e frustração do fim do contrato são tratadas no mesmo dispositivo, como espécies da perturbação da base do negócio.

Na Itália, a chamada *presupposizione* – em tradução literal do termo cunhado por Windscheid – foi aplicada pela primeira vez em 1932, tendo a Corte de Cassação afirmado que "pressuposição é aquela circunstância ou evento que, embora não desenvolvido, constitui, apesar disso, sempre parte ou elemento do conteúdo volitivo, circunscrevendo a eficácia".[58]

Com a promulgação do Código Civil italiano de 1942, positivou-se a disciplina da onerosidade excessiva, nos termos do art. 1467,[59] dispositivo esse que, aliás, serviu de modelo[60] para o art. 478 do Código Civil brasileiro.[61] A primeira reação da jurisprudência italiana foi negar relevância à teoria da pressuposição diante da

---

58. Tradução livre de: "*Presupposizione è quella circonstanza od evento che, sebbene non svolto, costituisce pur sempre parte od elemento del contenuto volitivo, circoscrivendone l'efficacia*" (GALLO, Paolo. *Sopravvenienza contrattuale e problemi di gestione del contrato*. Milão: Dott. A. Giuffrè Editore, 1992. p. 298).
59. "Art. 1467. Contrato com prestações correspondentes.
Nos contratos de execução continuada ou periódica ou, ainda, de execução diferida, se a prestação de uma das partes torna-se excessivamente onerosa pela ocorrência de acontecimentos extraordinários e imprevisíveis, a parte que deve tal prestação pode pleitear a resolução do contrato, com os efeitos estabelecidos pelo art. 1.458.
A resolução não pode ser pleiteada se onerosidade superveniente cair na álea comum do contrato.
A parte contra a qual é pleiteada a resolução pode evita-la oferecendo-se a modificar equitativamente as condições do contrato (962, 1623, 1664, 1923)."
Tradução livre de: "*Art. 1467. Contratto con prestazioni corrispettive
Nei contratti a esecuzione continuata o periodica ovvero a esecuzione differita, se la prestazione di una delle parti è divenuta eccessivamente onerosa per il verificarsi di avvenimenti straordinari e imprevedibili, la parte che deve tale prestazione può domandare la risoluzione del contratto, con gli effetti stabiliti dall'art. 1458 (att. 168).
La risoluzione non può essere domandata se la sopravvenuta onerosità rientra nell'alea normale del contratto.
La parte contro la quale è domandata la risoluzione può evitarla offrendo di modificare equamente le condizioni del contratto (962, 1623, 1664, 1923).*"
60. Para análise sobre a questão, confira-se: SCHREIBER, Anderson. *Equilíbrio contratual e dever de renegociar*. São Paulo: Saraiva Educação, 2018. p. 161-164.
61. "Art. 478. Nos contratos de execução continuada ou diferida, se a prestação de uma das partes se tornar excessivamente onerosa, com extrema vantagem para a outra, em virtude de acontecimentos extraordinários e imprevisíveis, poderá o devedor pedir a resolução do contrato. Os efeitos da sentença que a decretar retroagirão à data da citação."

inovação legislativa. Entretanto, logo se reconheceu que se tratam de *fattispecie* diversas, que servem para tutelar situações jurídicas distintas.[62]

Com efeito, uma corrente jurisprudencial minoritária sustentou inicialmente que a teoria da pressuposição encontraria fundamento legal no art. 1467 do Código Civil italiano, tendo sido objeto de duras críticas pela doutrina especializada,[63] que defende que a pressuposição e a onerosidade excessiva tem *ratios* diversas e não devem ser confundidas, na medida em que "a primeira é aplicável a casos em que as expectativas das partes desapareceram e a segunda a casos em que há um desequilíbrio objetivo entre as contraprestações".[64]

---

62. "E, de fato, a primeira reação da nossa jurisprudência depois da codificação foi aquela de negar qualquer relevância à pressuposição com base na consideração de que o legislador não havia disciplinado este instituto. Esse estado de coisas não durou, porém, no tempo. A falta de recepção da pressuposição por parte do código não é, de fato, apta a extinguir o instituto na jurisprudência, a qual depois das primeiras hesitações continuou a aplica-la não menos do que antes.

   Tradução livre de: "*Ed infatti la prima reazione della nostra giurisprudenza dopo la codificazione è stata quella di negare ogni rilevanza alla presupposizione in base alla considerazione che il legislatore non aveva disciplinato questo istituto. Questo stato di cose non è però durato nel tempo. La mancata recezione della presupposizione da parte del codice non è infatti valsa ad estinguere l'istituto nella giurisprudenza, la quale dopo i primi tentennamenti ha continuato a farne applicazione non meno di prima.*" (GALLO, Paolo. *Sopravvenienza contrattuale e problemi di gestione del contrato*. Milão: Dott. A. Giuffrè Editore, 1992. p. 299).

63. Na esteira da doutrina voluntarista desenvolvida sob o império do código civil anterior, afirmava-se que o art. 1467 do código civil traduzia em norma o princípio expresso da conhecida cláusula *rebus sic stantibus*. Esta corrente de pensamento sustenta que o instituto da onerosidade excessiva superveniente tinha dado uma vestimenta normativa unitária à pressuposição. Referida abordagem atraiu muitas objeções na literatura jurídica, induzindo a jurisprudência a abraçar um conceito de pressuposição forjado sobre a base da elaboração objetiva da *Geschäftsgrundlage*.

   Tradução livre de: "*Sulla scia delle dottrine volontaristiche sviluppatesi sotto l'impero del codice civile previgente, si assertì che l'art. 1467 c.c. tradusse in norme il principio espresso dalla risalente clausola rebus sic stantibus. Questa corrente di pensiero ritenne che l'istituto dell'eccessiva onerosità sopravvenuta avesse dato una veste normativa unitaria alla presupposizione.*

   Detta impostazione ha sollevato molte obiezioni nella letteratura giuridica, inducendo la giurisprudenza ad abbracciare un concetto di prezupposizione forgiato sulla base dell'elaborazione oggettiva di Geschäftsgrundlage." (PENNAZIO, Rossana. La presupposizione tra sopravvenienza ed equilibrio contrattuale. In: *Rivista trimestrale di diritto e procedura civile*, Ano LX, n. 1, 2006. p. 680).

64. Tradução livre de: "*the former is applicable to cases where the expectations of the parties have disappeared and the latter to cases of an objective imbalance between the counter-per-*

Atualmente, entende-se que o art. 1467 do Código Civil italiano se limitou a disciplinar apenas uma espécie de alteração nas circunstâncias, deixando de fora a questão da impossibilidade de se alcançar o escopo do contrato. Essa segunda espécie, por sua vez, se desenvolveu de forma autônoma, com base na teoria da pressuposição, assumindo grande relevância no ordenamento italiano.[65]

A evolução do instituto no ordenamento italiano se deu a partir de esforço para objetivar a aplicação teoria da pressuposição, o que se fez, em grande parte, com apoio na noção de causa do contrato. Conforme se verá no item a seguir, a doutrina italiana utiliza a noção de causa – aqui entendida como função econômico-individual do contrato[66] – para identificar o "fundamento do ajuste, situação base, pressuposto comum a ambos os contratantes, os quais fundaram sobre sua existência e persistência o seu consenso, sem deduzir o evento pressuposto como condição".[67]

Uma vez identificada a finalidade do contrato e verificando-se ser ela inalcançável, a jurisprudência italiana reconhece a ineficácia

---

formances." (URIBE, Rodrigo Momberg. *The effect of a change of circumstances on the binding force of contracts*. Cambridge: Intersentia, 2011. p. 85).

65. "Não devemos, porém, desconsiderar que o legislador italiano, por meio desta disciplina, havia se limitado a regular uma só *fattispecie* relevante de superveniência contratual, qual seja, o objetivo agravamento da dificuldade de execução, deixando completamente de fora justamente os casos de impossibilidade de alcançar o escopo contratual. Daí a persistência e relevância da pressuposição no ordenamento italiano. A pressuposição é, de fato, a resposta italiana a esta ordem de problemas. Graças à teoria da pressuposição, a Itália é, aliás, provavelmente um dos ordenamentos em que a 'inalcançabilidade' do escopo contratual assume maior relevância."
Tradução livre de: "*Non dobbiamo però trascurare che il legislatore italiano mediante questa disciplina si era limiato a regolare una sola fattispecie rilevante di sopravvenienza contrattuale, vale a dire l'oggettivo aggravo delle difficoltà di esecuzione, lasciando completamente fuori i casi per l'appunto di impossibilità di raggiungere lo scopo contrattuale. Di qui la persistenza e la rilevanza della presupposizione nell'ordinamento italiano. La presupposizione è infantti la risposta italiana a quest'ordine di problemi. Grazie alla teoria della presupposizione l'Italia è anzi probabilmente uno degli ordinamenti in cui l'irraggiungibilità dello scopo contrattuale assume maggior rilevanza.*" (GALLO, Paolo. *Sopravvenienza contrattuale e problemi di gestione del contrato*. Milão: Dott. A. Giuffrè Editore, 1992. p. 299-300).
66. Conforme se verá no item 1.3.1 deste trabalho.
67. Tradução livre de: "*fondamento dell'affare, situazione base, presupposto comune ad entrambi i contraenti, i quali sulla esistenza e persistenza hanno fondato il loro consenso, senza dedurre l'evento presupposto in condicione.*" (PENNAZIO, Rossana. La presupposizione tra sopravvenienza ed equilibrio contrattuale. In: *Rivista trimestrale di diritto e procedura civile*, Ano LX, n. 1, 2006. p. 681).

da relação, vez que não persiste interesse das partes na continuação ou mesmo na modificação do contrato celebrado.[68] Por fim, vale dar notícia da recente positivação da frustração do fim do contrato no ordenamento argentino,[69] no âmbito do art. 1.090 do Código Civil e Comercial, aprovado em 2014, o qual dispõe que "a frustração definitiva do contrato autoriza a parte prejudicada a declarar sua resolução, se tem causa em uma alteração de caráter extraordinário nas circunstâncias existentes ao tempo da contratação, alheia às partes e que supera o risco assumido pela parte afetada (...)".[70]

---

68. "De modo geral, dois remédios são considerados aplicáveis: rescisão ou nulidade (*invalidità*) no caso de *falsa presupposizione*', e extinção (ou, em termos mais amplos, ineficácia, *inefficacia*) quando o evento pressuposto futuro não ocorre ou falha. Esses remédios têm a característica comum de dissolver ou extinguir a relação contratual, o que é justificado na doutrina em razão da natureza da *presupposizione*, qual seja, a ocorrência ou permanência daquelas circunstâncias consideradas pelas partes como decisivas para a continuação ou execução do contrato. Portanto, a falta de tais circunstâncias torna improvável que haja interesse das partes em preservar o relacionamento e confiar em soluções como a adaptação do contrato."
Tradução livre de: "*Normally, two remedies have been considered to be applicable: rescission or nullity (invalidità) in the case of 'falsa presupposizione', and termination (or in wider terms ineffectiveness, inefficacia) when the future presupposed event does not occur or fails. Those remedies have the common feature of dissolving or putting an end to the contractual relationship, which is justified in doctrine because of the nature of the presupposizione, i.e. the occurrence or permanence of those circumstances considered by the parties to be decisive for the continuation or performance of the contract. Therefore, the lack of such circumstances makes it unlikely that an interest exists for the parties to preserve the relationship and rely on remedies such as the adaptation of the contract.*" (URIBE, Rodrigo Momberg. *The effect of a change of circumstances on the binding force of contracts*. Cambridge: Intersentia, 2011. p. 87-88).
69. A matéria, no entanto, não é nova naquele ordenamento. Em 1991, foi aprovado enunciado na XIII Jornada Nacional de Direito Civil realizada em Buenos Aires, dispondo que: "A frustração do fim do contrato é capítulo inerente à causa, entendida esta como motivo determinante, razão de ser ou fim individual e subjetivo que as partes levara em conta no momento de celebrar o contrato."
Tradução livre de: "*La frustración del contrato es capítulo inherente a la causa; entendida ésta como móvil determinante, razón de ser o fin individual o subjetivo que las partes han tenido en vista al momento formativo del negocio.*" (XIII Jornadas Nacionales de Derecho Civil, Buenos Aires, Comisión n° 3, Contratos: Frustración del fin del contrato, I.1).
70. Tradução livre de: "*Frustración de la finalidad. La frustración definitiva de la finalidad del contrato autoriza a la parte perjudicada a declarar su resolución, si tiene su causa en una alteración de carácter extraordinario de las circunstancias existentes al tiempo de su celebración, ajena a las partes y que supera el riesgo asumido por la que es afectada.*"

1.3 CONTORNOS TEÓRICOS DA FRUSTRAÇÃO DO FIM DO CONTRATO

Como já se pôde perceber, embora o instituto seja aplicado em diferentes experiências jurídicas, a noção de frustração do fim do contrato não se afigura exatamente idêntica nesses diversos contextos. Daí a importância de investigar os contornos teóricos da figura, permitindo que se fixe um conceito de frustração do fim do contrato e se examine a sua utilidade no ordenamento jurídico pátrio.

1.3.1 Conceito de frustração do fim do contrato

Atualmente, há relativo consenso de que a frustração do fim do contrato é remédio que conduz à ineficácia do contrato quando um evento posterior à contratação ensejar a perda da finalidade do contrato, muito embora a execução da prestação ainda seja possível.[71]

A definição de frustração do fim do contrato está, portanto, evidentemente ligada ao que se compreende por fim do contrato.

A grande dificuldade em torno da identificação do fim contratual – que permeia as principais críticas à teoria da pressuposição – está em evitar que este seja confundido com os motivos internos de uma das partes,[72] pois isso conduziria ao risco de "admitir a relevância de qualquer motivo individual e, assim, poder ameaçar a exigência de certeza na vida da relação".[73]

---

71. Como sintetiza Rodrigo Cogo, a partir da análise de diferentes definições, "trata-se de hipótese na qual a prestação é plenamente possível, mas o contrato perdeu seu sentido, sua razão de ser, por não ser mais possível alcançar seu fim, seu escopo, sua função (concreta) em decorrência da alteração das circunstâncias." (COGO, Rodrigo Barreto. *A frustração do fim do contrato*. Rio de Janeiro: Renovar, 2012. p. 168-169)
    Registre-se que, além de configurada a frustração do fim do contrato, é necessário que se encontrem presentes os demais requisitos do instituto, os quais serão objeto de estudo no próximo capítulo.
72. "Em regra, os motivos que levaram o agente a praticar determinado negócio jurídico são irrelevantes para o direito. Assim, não importa que posteriormente ao ato seja verificada a frustração da motivação subjetiva, interna e psicológica das partes." (TEPEDINO, Gustavo; BARBOZA, Heloisa Helena; MORAES, Maria Celina Bodin de. *Código Civil interpretado conforme a Constituição da República*, v. 1. 3 Ed. Rio de Janeiro: Renovar, 2014, p. 277).
73. Tradução livre de: "*ammettere la rilevanza di qualsiasi motivo individuale e così porterebbe a mettere in pericolo l'esigenza della certezza nella vita di relazione* (...)"

Diante dessa preocupação, a jurisprudência italiana evoluiu no sentido de identificar o fim do contrato com a sua causa concreta (ou função econômico-individual).[74] Caminhou nesse sentido, no Brasil, a doutrina de Junqueira de Azevedo que, baseada na experiência italiana, sustenta que "a expressão 'fim do negócio jurídico' designa justamente a causa (função) concreta que objetivamente resulta do negócio jurídico, individualmente considerado".[75]

Contudo, considerando a polissemia do termo e as inúmeras correntes existentes,[76] é importante esclarecer de que causa se está tratando.[77] A mencionada causa concreta – também denominada função econômico-individual – é, segundo Perlingieri, "ora o interesse perseguido, ora a síntese dos efeitos essenciais tal qual emerge

---

(BETTI, Emilio. Teoria generale del negozio giuridico. Apud: FERRI, Giovanni Battista. *Motivi, presupposizione e l'idea di meritevolezza*. In: Europa e diritto privato, 1/2009. p. 364).

74. PENNAZIO, Rossana. La presupposizione tra sopravvenienza ed equilibrio contrattuale. In: *Rivista trimestrale di diritto e procedura civile*, Ano LX, n. 1, 2006. p. 680.

75. AZEVEDO, Antônio Junqueira de. Remissão interessada de dívida. Erro sobre o motivo determinante. Análise do negócio jurídico por suas bases subjetiva e objetiva. Frustração do fim do negócio jurídico e consequente enriquecimento sem causa. In: AZEVEDO, Antônio Junqueira de. *Novos ensaios e pareceres de direito privado*. São Paulo: Saraiva, 2009. p. 56.

76. Exemplo disso é a notória discussão travada na doutrina francesa, que culminou na recente supressão da causa do Código Civil francês no âmbito da reforma do direito contratual. Sobre o tema, confira-se: WICKER, Guillaume. *La suppression de la cause et les solutions alternatives*. In: SCHULZE, Reiner et al. (coord.). *La reforme du droit des obligations em France – 5èmes journées franco-allemandes*. Paris: Société de Législation Comparée, 2015. p. 107-149.

77. Não se explorará, pois isso fugiria ao escopo do presente trabalho, as diferentes concepções de causa, limitando-se a descrever aquela comumente utilizada pela doutrina como sinônimo de fim do contrato. Sobre o tema, confira-se: FERRI, Giovanni Battista. *Causa e tipo nella teoria del negozio giuridico*. Milão: Dott. A. Giuffrè, 1966; BETTI, Emilio. *Teoria generale del negozio giuridico*. Torino: Unione Tipográfico Editrice Torinese, 1952. ALPA, Guido; BESSONE, Mario (coord.). *Causa e consideration*. Padova: Dott. A Milani, 1984. Em doutrina pátria: KONDER, Carlos Nelson. Causa do contrato x função social do contrato: estudo comparativo sobre o controle da autonomia negocial. In: *Revista Trimestral de Direito Civil*, v. 43, Julho/Setembro, 2010; MORAES, Maria Celina Bodin de. A causa dos contratos. In: MORAES, Maria Celina Bodin de. *Na medida da pessoa humana – Estudos de Direito Civil-Constitucional*. Rio de Janeiro: Renovar, 2010. p. 289-342; MARTINS-COSTA, Judith. A Teoria da Causa em Perspectiva Comparativista: A Causa no Sistema Civil Francês e no Sistema Civil Brasileiro. *Revista Ajuris*, v. 45, Porto Alegre, 1989.

do concreto interesse que a operação contratual é destinada a satisfazer".[78] Assim, sustenta o autor:

> É preferível vislumbrar na causa a função econômica-individual, indicando com tal expressão o valor e a dimensão que as próprias partes tenham dado à operação em sua globalidade, isto é, o valor individual que uma determinada operação negocial assume para as partes, considerando-se a sua concreta manifestação.[79]

Também elucidativa, nesse sentido, a explicação de Konder, citando a jurisprudência da Corte de Cassação italiana:

> A jurisprudência superior italiana recentemente vem se manifestando em concordância com essa reformulação, sustentando a obsolescência da matriz ideológica que configura a causa do contrato como instrumento para o controle da utilidade social do negócio e, a partir disso, defendendo uma *fattispecie* causal concreta, que reconstrói este elemento em termos de síntese dos interesses reais que o próprio contratante tende a finalizar. Em recente decisão, a Corte de Cassação expressamente define: 'Causa, portanto, ainda inscrita na órbita da dimensão funcional do contrato, mas agora, função individual do singularizado, específico contrato realizado, prescindindo do relativo estereotipo abstrato, seguindo um iter evolutivo do conceito de função econômico-social do negócio que, movendo-se da cristalização normativa dos vários tipos contratuais, volta-se afinal a captar o uso que os contratantes entenderam realizar de cada um daqueles, adotando aquela determinada, específica (a seu modo única) convenção social. (...) Causa do contrato é o escopo prático do negócio, a síntese dos interesses que ele está concretamente dirigido a realizar (chamada 'causa concreta'), como função individual da singular e específica negociação, além do modelo abstrato utilizado.'[80]

É importante registrar que a causa enquanto função econômico-individual não se confunde com os motivos internos das partes.

---

78. Tradução livre de: "(...) *la causa ora è l'interesse perseguito, ora la sintesi degli effeti essenziali quale emerge dal concreto interesse che l'operazione contrattuale è destinata a soddisfare.*" (PERLINGIERI, Pietro. *Manuale di diritto civile.* 4 Ed. Nápoles: Edizioni Scientifiche Italiane, 2005. p. 374).
79. Tradução livre de: "*è preferibile ravvisare nella causa la funzione economico-indviduale, indicando con tale espressione il valore e la portata che all'operazione nella sua globalità le parti stesse hanno dato, cioè il valore individuale che una determinata operazione negoziale, considerata nel suo concreto atteggiarsi, assume per le parti.*" (PERLINGIERI, Pietro. *Manuale di diritto civile.* 4 Ed. Nápoles: Edizioni Scientifiche Italiane, 2005. p. 374).
80. KONDER, Carlos Nelson. Causa do contrato x função social do contrato: estudo comparativo sobre o controle da autonomia negocial. In: *Revista Trimestral de Direito Civil,* v. 43, Julho/Setembro, 2010. p. 52-53.

Para que assuma relevância e seja objeto de tutela pelo ordenamento, é preciso que se "dê dimensão objetiva ao interesse invocado pela parte e a relevância que este tem para a posição contratual dela própria".[81] Nessa linha, a doutrina contemporânea assevera que vários indicativos podem ser relevantes em tal investigação, como o preço de compra, as relações entre as partes, a natureza do contrato, entre outras.[82]

Ao defender a relevância do conceito de causa enquanto função econômica-individual do contrato, Ferri afirma que o fenômeno da *presupposizione* – denominação utilizada pela doutrina italiana ao tratar da frustração do fim do contrato – pode ser resolvido não apenas com a aplicação de princípios contratuais, mas também com base na importância que o motivo pode assumir na função individual concreta da operação negocial.[83]

---

81. KONDER, Carlos Nelson. Causa do contrato x função social do contrato: estudo comparativo sobre o controle da autonomia negocial. In: *Revista Trimestral de Direito Civil*, v. 43, Julho/Setembro, 2010. p. 54.

82. "Um ponto sobre o qual todos concordam é que nessa matéria não é possível atribuir relevância aos motivos e escopos de caráter pessoal. Ocorre, portanto, determinar caso a caso se o motivo pelo qual se celebra o contrato, por exemplo construir um edifício, patentear uma invenção, exportar bens e assim por diante, passou ou não a fazer parte do fundamento do contrato. Para estes fins, podem assumir relevância vários indícios, como, por exemplo, o preço de aquisição, as relações entre as partes, a natureza do contrato, e assim por diante; os quais podem fornecer úteis indicações para se aferir se o contrato foi celebrado ou não exclusivamente em vista daquele escopo, na verdade inalcançável."

Tradução livre de: "*Um punto sul quale tutti concordano è che in questa matéria non è possibile attribuire rilevanza ai motivi ed agli scopi di carattere personale. Occorre quindi accertate caso per caso se il motivo per cui si conclude il contratto, per esempio edificare un palazzo, brevettare un'invenzione, esportare beni, e così via, è entrato o meno a far parte del fondamento del contratto. A questi fini possono assumere rilevanza vari indizi, come per sempio il prezzo d'acquisto, i rapporti tra le parti, la natura del contratto, e così via; i quali possono fornire utili indicazioni per accertare se il contratto era stato concluso o meno esclusivamente in vista di quello scopo in realtà irraggiungibile.*" (GALLO, Paolo. *Sopravvenienza contrattuale e problemi di gestione del contrato*. Milão: Dott. A. Giuffrè Editore, 1992. p. 323-324).

83. "(...) fenômeno da pressuposição solucionável, ao que nos parece, sem excessiva dificuldade, aplicando às hipóteses que concretamente se podem colocar, variados princípios da teoria dos contratos; princípios que, caso a caso, podem ser e não apenas aqueles dos arts. 1.337, 1.362 e 1.366 do Código Civil, mas também aqueles derivados da relevância que o motivo pode assumir na função individual da concreta operação negocial."

Tradução livre de: "(...) *fenomeno della presupposizione risolvibile, ci sembra, senza eccessiva dificoltà, applicando alle ipotesi che concretamente si possono porre, vari principi della*

Há, porém, outro caminho, desenvolvido principalmente na doutrina hispânica, para definir a noção de fim do contrato, partindo dos conceitos trazidos por Larenz em sua obra seminal. De acordo com o autor, a finalidade objetiva do contrato é "a finalidade de uma parte se a outra a fez sua".[84] Larenz esclarece, porém, que, embora não se deva exigir que a finalidade esteja expressamente prevista no instrumento contratual, é imprescindível que ela tenha sido levada em conta pelas partes ao determinar o conteúdo do contrato.[85] Assim, o motivo individual de uma das partes, ainda que conhecido pela contraparte, não será juridicamente relevante se não influenciar a celebração ou o conteúdo do contrato. Impõe-se, com efeito, que a finalidade tenha incidido na decisão de celebrar o contrato e na determinação do seu conteúdo.[86]

A partir da lição de Larenz, Díez-Picazo afirma que o fim do contrato é "o propósito ao qual o contrato serve na vida real, isto é, o resultado empírico ou prático que, em atenção aos próprios e peculiares interesses, se pretende alcançar".[87] Assim, "a prestação contratada ou contemplada como conteúdo do contrato perde seu sentido e sua razão de ser quando deixa de ser útil, isto é, quando

---

teoria dei contratti; principi, che volta a volta, possono essere e non soltano, quelli dell'art. 1337 c.c., dell'art. 1362 o dell'art. 1366 c.c., ma anche quelli derivanti dalla rilevanza che il motivo può assumere nella funzione individuale della concreta operazione negoziale." (FERRI, Giovanni Battista. *Causa e tipo nella teoria del negozio giuridico.* Milão: Dott. A. Giuffrè, 1966. p. 385).

84. Tradução livre de: "*la finalidad de una parte si la otra la hizo suya*" (LARENZ, Karl. *Base del negocio jurídico y cumplimiento de los contratos.* Madrid: Editora Revista de Derecho Privado, 1956. p. 170).

85. "Não é necessário que a finalidade em questão tenha se convertido no conteúdo do contrato no sentido de que seja expressamente mencionado nele; mas esta deve ter sido levada em conta por ambas as partes ao determinar o conteúdo e manifestar-se, pelo menos mediatamente, nele."
Tradução livre de: *"No es necesario que la finalidad en cuestión se haya convertido en el contenido del contrato en el sentido de que se mencione expresamente en él; pero debe haberse tenido en cuenta por ambas las partes al determinar tal contenido y manifestarse, al menos mediatamente, en el mismo."* (LARENZ, Karl. *Base del negocio jurídico y cumplimiento de los contratos.* Madrid: Editora Revista de Derecho Privado, 1956. p. 166).

86. LARENZ, Karl. *Base del negocio jurídico y cumplimiento de los contratos.* Madrid: Editora Revista de Derecho Privado, 1956. p. 166.

87. Tradução livre de: "(...) *el propósito a que el contrato sirve dentro de la vida real, es decir, el resultado empírico o práctico que en orden a los proprios y peculiares intereses se pretende alcanzar.*" (DÍEZ-PICAZO, Luis. Prefácio da obra SANZ, Vicente Espert. *La frustración del fin del contrato.* Madri: Editorial Tecnos, 1968. p. 10).

não pode satisfazer o interesse do credor, seja porque é impossível alcançar o fim pretendido, seja porque o fim foi alcançado por outros meios".[88]

Também nessa linha Espert-Sanz define o fim do contrato como "o propósito prático e básico a que a parte credora da prestação mais específica, menos fungível, vai aplicar à mencionada prestação, quando o propósito é conhecido e aceito pela outra parte, ou, ao menos, não é rechaçado".[89] Para o autor, a frustração do fim do contrato é a perda do interesse de uma das partes, conhecido e aceito – ou, ao menos, não rechaçado – pela contraparte, em razão da impossibilidade de alcançar o fim ou porque o fim foi alcançado por outros meios.[90]

Partindo dessa noção de fim, Freytes define a frustração do fim do contrato nos seguintes termos:

> A frustração do fim do contrato é uma hipótese específica de ineficácia produzida em consequência da variação das circunstâncias objetivas pressupostas pelas partes ao celebrar contrato válido, que impede a realização do propósito prático, básico ou elementar que o credor aplicará à prestação prometida pelo devedor, se esse propósito for também aceito ou pressuposto por este, provocando que aquele perca o interesse no cumprimento do contrato ao se tornar desprovido de seu sentido originário.[91]

No direito brasileiro, Pontes de Miranda esclarece:

---

88. Tradução livre de: "*La prestación convenida o contemplada como contenido del contrato pierde su sentido y su razón de ser cuando deja de ser útil, esto es, cuando no puede satisfacer el interés del acreedor, bien porque es imposible alcanzar el fin pretendido o bien porque el fin ha sido alcanzado por otros medios.*" (DÍEZ-PICAZO, Luis. Prefácio da obra SANZ, Vicente Espert. *La frustración del fin del contrato*. Madri: Editorial Tecnos, 1968. p. 11).
89. Tradução livre de: "(…) *el propósito práctico y básico a que la parte acreedora de la prestación, más específica, menos fungible, va a aplicar dicha prestación, cuando el propósito es conocido y aceptado por la otra parte, o, al menos, no rechazado.*" (SANZ, Vicente Espert. *La frustración del fin del contrato*. Madri: Editorial Tecnos, 1968. p. 187).
90. SANZ, Vicente Espert. *La frustración del fin del contrato*. Madri: Editorial Tecnos, 1968. p. 202-203.
91. Tradução livre de: "*La frustración del fin del contrato es un supuesto específico de ineficacia producido a consecuencia de la variación de las circunstancias objetivas presupuestas por las partes al celebrar un contrato válido, que impide la realización del propósito práctico, básico o elemental que el acreedor aplicará a la prestación prometida por el deudor, si ese propósito es también aceptado o presupuesto por éste, provocando que aquél pierda interés en el cumplimiento del contrato al quedar desprovisto de su sentido originario.*" (FREYTES, Alejandro E. *La frustración del fin del contrato*. 2 Ed., Bogotá: Grupo Editorial Ibáñez, 2016. p. 213).

Assim no direito privado como em direito público, somente se há de atender, a favor do devedor, à mudança das circunstâncias, quando a continuidade das circunstâncias faz parte do conteúdo do negócio, ou se foi concluído tendo-se em conta, acordemente, circunstâncias cuja persistência ou aparição seria de esperar-se (...).[92]

Como se vê, ainda que partindo de premissas teóricas diversas, os conceitos apresentados pela doutrina se aproximam substancialmente, tendo como fio condutor a tutela jurídica da hipótese de inalcançabilidade do resultado prático que as partes pretendem extrair do contrato.

Logo, em linha com a clássica lição de Larenz, tem-se que a frustração do fim do contrato é remédio que conduz à ineficácia do vínculo obrigacional[93] quando a finalidade objetiva do contrato – aqui compreendida como a finalidade comum das partes, que tenha sido levada em conta ao determinar o conteúdo do contrato – se tornar inalcançável, embora a prestação ainda seja possível.[94]

1.3.2 Utilidade da frustração do fim do contrato

De modo a demonstrar a utilidade da frustração do fim do contrato no Brasil, passa-se a efetuar breve cotejo entre o instituto e figuras próximas admitidas no ordenamento brasileiro[95], demonstrando que tais figuras são insuficientes para solucionar as situações tuteladas pela doutrina objeto do presente estudo.

1.3.2.1 A frustração do fim do contrato e a impossibilidade superveniente de prestação

A impossibilidade superveniente da prestação ocorre quando, como próprio termo indica, "a prestação se torna irrealizável".[96]

---

92. MIRANDA, Francisco Cavalcanti Pontes de. *Tratado de Direito Privado*, t. XXV. Atualizado por NERY JR. Nelson; NERY, Rosa Maria de Andrade. São Paulo: Revista dos Tribunais, 2012. p. 346.
93. Impõe-se, ainda, que os demais pressupostos e requisitos do instituto sejam preenchidos, conforme se verá no Capítulo 2.
94. LARENZ, Karl. *Base del negocio jurídico y cumplimiento de los contratos*. Madrid: Editora Revista de Derecho Privado, 1956. p. 166-170.
95. Note-se que não se pretende estudar as referidas figuras, mas apenas demonstrar os pontos em que elas se diferenciam da frustração do fim do contrato.
96. RODRIGUES, Silvio. *Direito Civil*, v. 2. 30 Ed., São Paulo, Editora Saraiva: 2002. p. 35.

Portanto, haverá impossibilidade superveniente "sempre que a coisa despareça ou não mais esteja à disposição do devedor", assim como nas hipóteses em que a desproporcionalidade do custo para o cumprimento é tamanha que se equipara à impossibilidade."[97] [98] O art. 248 do Código Civil estabelece que "se a prestação do fato tornar-se impossível sem culpa do devedor, resolver-se-á a obrigação (...)". Assim sendo, "a impossibilidade absoluta superveniente inimputável libera o devedor e desonera-o de reparar os prejuízos (...). Há extinção *ipso jure*".[99]

Já a frustração do fim do contrato se configura quando, embora a prestação ainda seja possível, o fim do contrato se torna inalcançável. Em outras palavras, "o critério para a distinção reside em verificar se o ato de prestar em si pode ser realizado ou não ante a alteração das circunstâncias. Se puder, estaremos diante da frustração do fim do contrato; caso contrário, no terreno da impossibilidade".[100]

Conforme leciona Ettore Nanni:

---

[97]. "A impossibilidade definitiva é a que inviabiliza para sempre a prestação, ou a que somente pode ser prestada mediante esforço ou risco extraordinários. O cumprimento de obrigação específica é impossível sempre que a coisa devida desapareça ou não mais esteja à disposição do devedor. A genérica, de sua vez, sempre é possível, enquanto houver o gênero, ainda que não esteja eventualmente no patrimônio do devedor. A simples dificuldade não exonera, mas a desproporcionalidade do custo para o cumprimento da prestação é equiparável à impossibilidade." (AGUIAR JÚNIOR, Ruy Rosado de. In: TEIXEIRA, Sálvio de Figueiredo (coord.). *Comentários ao novo Código Civil*, v. VI, Tomo II. Rio de Janeiro: Editora Forense, 2011. p. 548).

[98]. Essa última hipótese não se confunde com a mera dificuldade econômica no cumprimento ou com o instituto da onerosidade excessiva, concretizando-se apenas nas circunstâncias em que o esforço para que se realize a prestação é tamanho a ponto de se equiparar a impossibilidade. Trata-se do exemplo clássico em que o devedor se obriga a entregar um anel que, posteriormente, cai em um enorme lago, sem sua culpa. Segundo Menezes Cordeiro, "seria possível drenar o lago e pesquisar adequadamente na areia, numa operação de milhões. Haveria, todavia e perante a boa-fé, um grave desequilíbrio perante o interesse do credor." (MENEZES CORDEIRO, António Manuel. Modernização do direito das obrigações. In: *Revista da Ordem dos Advogados de Portugal*, v. II, abr./2002. Disponível em: < http://www.oa.pt/Conteudos/Artigos/detalhe_artigo.aspx?idc=31559&idsc=13744&ida=13767>. Acesso em: 05 nov. 2018.

[99]. AGUIAR JÚNIOR, Ruy Rosado de. In: TEIXEIRA, Sálvio de Figueiredo (coord.). *Comentários ao novo Código Civil*, v. VI, Tomo II. Rio de Janeiro: Editora Forense, 2011. p. 546-547.

[100]. COGO, Rodrigo Barreto. *A frustração do fim do contrato*. Rio de Janeiro: Renovar, 2012. p. 305.

Com efeito, considerando que na frustração do fim do contrato o seu cumprimento ainda é plenamente possível, contudo não há mais utilidade, inexiste mais razão de ser, levando à sua ineficácia, é indiscutível que o mesmo suporte fático não pode dar ensejo à configuração da impossibilidade da prestação. Isso porque são incompatíveis, extremam-se. Na frustração do fim do contrato o seu cumprimento é inteiramente plausível, porém seu desígnio restou fracassado. De outra banda, na impossibilidade da prestação se constata característica indeclinável, qual seja, a absoluta impossibilidade de cumprimento da prestação.[101]

Pense-se, por exemplo, no caso em que um imóvel é alugado para determinado fim, como a venda de bebidas alcóolicas. Caso o imóvel pegue fogo e deixe de existir, haverá impossibilidade superveniente, já que será impossível cumprir a prestação de disponibilização da área para aluguel. Se, porém, a venda de bebidas alcóolicas é proibida naquela região, haverá frustração do fim do contrato, na medida em que, embora o aluguel do espaço ainda seja possível e lícito, o imóvel não servirá à finalidade visada pelas partes.

Outro exemplo é a contratação de prestação de serviços de pintura da abóbada e de construção de porta para uma igreja, que venha a ser destruída por um bombardeio. A destruição da igreja torna a pintura da abóbada impossível – pois a própria abóbada deixou de existir –, mas frustra o fim do contrato para construção da porta, uma vez que a prestação do referido serviço, a rigor, ainda é possível conquanto tenha se tornado inútil.[102]

A doutrina anglo-saxã faz essa distinção ao comentar o clássico caso *Krell. v. Henry*. Confira-se:

> Perante a corte, Henry alegou que seu dever de pagar o aluguel foi dispensado com base na doutrina da impossibilidade. Essa doutrina, porém, não é a mais correta, pois o cancelamento da coroação não tornou a obrigação de Henry – de

---

101. NANNI, Giovanni Ettore. Frustração do fim do contrato: análise de seu perfil conceitual. *Revista Brasileira de Direito Civil – RBDCivil*, Belo Horizonte, v. 23, jan./mar. 2020. p. 56.

102. "(..) A diferença está em que nos dois primeiros o ato da prestação tornou-se inviável: não se pode desencalhar um navio se ele não está encalhado; não se pode pintar a abóbada de uma igreja se ela não existe mais. No entanto, pode-se construir a porta independentemente da existência da igreja, da mesma forma como é possível alugar as janelas do edifício independentemente da realização do cortejo real.

O critério para a distinção reside em verificar se o ato de prestar em si pode ser realizado ou não ante a alteração das circunstâncias." (COGO, Rodrigo Barreto. *A frustração do fim do contrato*. Rio de Janeiro: Renovar, 2012. p. 280).

pagar aluguel – impossível. Pelo contrário, o cancelamento não teve qualquer efeito sobre a capacidade de Henry fazer o pagamento. Ele ainda poderia ter realizado o pagamento ou assinado um cheque, com a mesma facilidade que faria se a coroação não tivesse sido cancelada. Não obstante, a corte julgou em seu favor, fazendo uma analogia com a impossibilidade e criando uma nova doutrina de dispensa do cumprimento, a da frustração.[103]

Ao realizar o cotejo entre os dois institutos – impossibilidade de prestação e frustração do fim do contrato –, Espert Sanz aduz que pertencem a campos conceituais distintos, sendo que a frustração é ontologicamente superior à impossibilidade. Isso porque a impossibilidade é verificada no plano do poder ser: ou bem a prestação é jurídica e fisicamente possível, ou bem não o é e, portanto, não há o que se discutir acerca da sua existência. Já no âmbito da frustração do fim do contrato, não há dúvida de que a prestação é possível, contudo, investiga-se se o contrato deve permanecer hígido diante da sua inutilidade para as partes:

> Certas prestações podem ser, tem aptidão metafísica para se tornar realidade. Porém, têm utilidade vital, existencial para se tornarem realidades?
>
> A prestação que se tornou inútil, que carece de sentido para seu credor, mesmo que ainda possa ser realizada, atualizada pelo devedor da mesma, merece ser? Pode o direito tutelar seu nascimento, sua execução, a despeito do ônus que, no mundo dos valores, dos sacrifícios econômicos e jurídicos, representará à contraparte?
>
> Não pertencem ao mesmo campo de estudo, ontologicamente falando, o problema da impossibilidade e o da frustração. Ser não é o mesmo que merecer ser.[104]

---

103. Tradução livre de: *"Before the court, Henry asserted that his duty to pay rent was excused under the Impossibility doctrine. That doctrine was not directly on point, however, as cancellation of the coronation did not render Henry's performance—to pay the rent—impossible. To the contrary, the cancellation had no effect whatsoever on Henry's ability to tender the funds. He could still have tendered cash or written a check just as easily have had the coronation never been cancelled. The court nevertheless ruled in his favor by analogizing from Impossibility to create a new excuse doctrine, that of Frustration."* (SCHWARTZ, Andrew A. *A 'standard clause analysis' of the frustration of doctrine and the material adverse change clause.* In: 57 UCLA L. Rev. 789 (2010). Disponível em: < https://scholar.law.colorado.edu/articles/451/>. Acesso em: 28 set. 2018. p. 16-17).

104. Tradução livre de: *"Ciertas prestaciones pueden ser, tienen aptitud metafísica para devenir realidades. Pero, ¿tienen utilidad vital, existencial para devenir tales realidades?*
La prestación que ha devenido inútil, que carece de sentido para su acreedor, aunque aún puede ser realizada, actualizada por el deudor de la misma, ¿merece ser? ¿Puede el Derecho

Mencione-se, ainda, que, em regra – mas nem sempre –, há diferença entre as esferas de interesse tuteladas por cada instituto. Enquanto a impossibilidade superveniente tende a proteger os interesses do devedor, que não pode ser obrigado a algo que se tornou impossível, a frustração, normalmente, atende aos interesses do credor, com fundamento no princípio de que este não pode ser obrigado a receber prestação que não lhe é útil, eis que o propósito que fundou a celebração do contrato não é mais alcançável.[105]

Há, porém quem sustente, que as hipóteses identificadas como frustração do fim do contrato estariam abarcadas no ordenamento brasileiro pela impossibilidade superveniente, valendo-se de uma visão mais alargada do instituto. Afirma-se, nessa linha, que se estaria diante da "impossibilidade de concretização do programa contratual originário, isto é, da concretização da síntese de interesses que as partes objetivamente inseriram na avença (informada pela noção de causa contratual em concreto)". Ou seja, se trataria de uma chamada impossibilidade superveniente no "plano funcional".[106]

---

105. *tutelar su nacimiento, su ejecución, aun a pesar de la carga que en el mundo de los valores, de los sacrificios económicos y jurídicos va ello a representar frente a la otra parte contratante? No pertenecen al mismo campo de estudio, ontológicamente hablando, el problema de la imposibilidad y el de la frustración. No es lo mismo ser que merecer ser."* (SANZ, Vicente Espert. La frustración del fin del contrato. Madri: Editorial Tecnos, 1968. p. 194). "Na frustração do fim a prestação ainda é possível, mas o credor não tem interesse nela; na impossibilidade, por outro lado, a prestação já não pode ser cumprida. Ademais, do ponto de vista do interesse tutelado, a impossibilidade protege o devedor da prestação que tornou-se irrealizável, fundando-se no princípio de que ninguém pode ser obrigado ao impossível, enquanto a frustração do fim protege o interesse do credor, que não pode ser obrigado a receber uma prestação carente de utilidade, pois esse propósito prático, básico, elementar do negócio, que o animou a celebrá-lo já não pude ser alcançado." Tradução livre de: *"En la frustración del fin de la prestación es aún posible, pero el acreedor no tiene interés en ella; en la imposibilidad, en cambio, la prestación ya no puede cumplirse. Ademáis, desde el punto de vista del interés tutelado, la imposibilidad protege al deudor de la prestación que devino irrealizable, fundándose en el principio de que nadie puede ser obligado a lo imposible, mientras que la frustración del fin protege el interés del acreedor, al que no se le puede obligar a recibir una prestación carente de toda utilidad, pues ese propósito practico, básico, elemental del negocio, que lo animó a celebrarlo ya no puede alcanzarse."* (FREYTES, Alejandro E. La frustración del fin del contrato. 2 Ed., Bogotá: Grupo Editorial Ibáñez, 2016. p. 215).

106. SOUZA, Eduardo Nunes de e SILVA, Rodrigo da Guia. Resolução contratual nos tempos do novo coronavírus. In: *Migalhas Contratuais*. Disponível em: <https://www.migalhas.com.br/coluna/migalhas-contratuais/322574/resolucao-contratual-nos-tempos-do-novo-coronavirus>. Acesso em: 08.04.2020.

Essa construção, porém, se afasta do conceito técnico de impossibilidade superveniente. Com efeito, o que o art. 248 do Código Civil disciplina é a impossibilidade superveniente da prestação, e não a impossibilidade superveniente do contrato ou, ainda, de sua função concreta. O objeto da obrigação (a prestação) e o objeto do contrato (que inclui a sua função) são, evidentemente, coisas diferentes, que não podem ser confundidas pelo intérprete. Como leciona Díez-Picazo, "a causa da obrigação responde à pergunta *cur debetur*, isto é, porque se deve (*causa debendi, causa obligationis*). A causa do contrato responde à pergunta *cur contraxit*, isto é, porque se contratou, porque se celebrou o contrato (*causa contractus, causa negotii*)".[107]

Tanto é assim que a função concreta do contrato vai além dos efeitos essenciais do tipo contratual – e, portanto, da prestação e contraprestação –, sendo informada por todo o concreto regulamento de interesses estabelecido entre as partes em cada situação específica. Nesse sentido, não há que se falar em impossibilidade superveniente da prestação, nos termos do art. 248 do Código Civil, quando o que se torna impossível é o atingimento da função concreta do contrato, e não o cumprimento da prestação em si.

Por fim, tem-se que os institutos geram efeitos diversos. Conforme se verá em maior detalhe no capítulo 3, o risco da prestação – e, portanto, de sua impossibilidade superveniente – corre por conta do devedor, enquanto o risco da impossibilidade de se atingir o fim do contrato é comum às partes. Nesse sentido, a impossibilidade superveniente da prestação conduz ao retorno das partes ao *status quo ante*, arcando o devedor com eventuais custos já incorridos para o seu cumprimento. Já na frustração do fim do contrato, o ônus da ineficácia do negócio não recai sobre apenas uma das partes, de modo que os prejuízos sofridos devem ser equitativamente distribuídos entre elas.

---

107. "*La causa de la obligación contesta a la pregunta cur debetur, esto es, por qué se debe (causa debendi, causa obligationis). La causa del contrato responde a la pregunta cur contraxit, es decir, por qué se contrajo, por qué se celebró el contrato (causa contractus, causa negotii).*" (DÍEZ-PICAZO, Luis. *Fundamentos del derecho civil patrimonial* – Vol. I. 6 Ed., Navarra: Civitas, 2007. p. 272).

1.3.2.2. A frustração do fim do contrato e a condição

Nos termos do art. 121 do Código Civil, condição é "a cláusula que, derivando exclusivamente da vontade das partes, subordina o efeito do negócio jurídico a evento futuro e incerto". Segundo Caio Mário da Silva Pereira, trata-se do "acontecimento futuro e incerto, de cuja verificação a vontade das partes faz depender o nascimento ou a extinção das obrigações e direitos".[108]

Pontes de Miranda defende que não se trata de uma cláusula acessória do negócio jurídico, mas de um elemento "inexo" à declaração de vontade das partes, uma parcela incindível do negócio jurídico.[109] A doutrina ressalta, ainda, que é "elemento essencial da condição a incerteza sobre a ocorrência do evento, que deve ser objetiva, não bastando que o evento seja desconhecido pelas partes".[110]

De fato, pode-se notar algumas similaridades entre a condição e o instituto ora objeto de estudo, tanto que um dos principais antecedentes teóricos da frustração do fim do contrato, explorava justamente a noção de pressuposição como uma condição "não desenvolvida" e não expressamente prevista no contrato, mas que teria servido de pressuposto para o programa contratual, extraível de uma suposta vontade das partes.

No entanto, a teoria evoluiu justamente com o objetivo de se desprender de uma vontade hipotética ou presumida das partes. Mesmo nos ordenamentos anglo-saxões, onde ainda se utiliza a terminologia de *tacit assumptions*, a doutrina ressalta que os "pressupostos tácitos não são explicitados, ainda que formem a base do contrato, justamente porque são tomados como certos. Eles estão

---

108. PEREIRA, Caio Mário da Silva. *Instituições de Direito Civil*, v. 1. 27 Ed. Rio de Janeiro: Forense, 2014. p. 464.
109. "As condições e os termos não são manifestações anexas de vontade, como *modus*; são *inexas*. O nexo, que entre elas e o ato jurídico existe, é interior, íntimo. Não são conexas, nem anexas. A conexidade torna em relação as manifestações de vontade, mas sem se dar a inserção de uma na outra, o que a inexão supõe." (MIRANDA, Francisco Cavalcanti Pontes de. *Tratado de Direito Privado*, t. V. Rio de Janeiro: Borsoi, 1954. p. 98).
110. BOUÇAS, Danielle Fernandes e LEAL, Livia Teixeira. Condição e Autonomia Existencial: In: TEPEDINO, Gustavo e OLIVA, Milena Donato (coord.). *Teoria Geral do direito civil: questões controvertidas*. Rio de Janeiro: Fórum, 2018. p. 190-191.

tão profundamente incorporados nas mentes das partes que simplesmente não lhes ocorre explicitar os pressupostos (...)".[111]

Também no direito continental, afirma-se que, ao estabelecer uma condição, os contraentes partem da incerteza acerca do evento, enquanto nas hipóteses que caracterizam a frustração do fim, as partes pressupõem certo estado fático, partindo da certeza de que tal estado acontecerá ou subsistirá.

Além disso, tem-se que, enquanto a condição é uma modalidade do negócio jurídico e, como tal, uma limitação voluntária à sua eficácia que tem como fonte a vontade das partes,[112] a frustração do fim do contrato é "uma vicissitude que pode ser invocada inobstante a falta de previsão expressa no contrato".[113]

1.3.2.3 A frustração do fim do contrato e o erro sobre motivo

O art. 138 do Código Civil prevê que "são anuláveis os negócios jurídicos, quando as declarações de vontade emanarem de erro substancial que poderia ser percebido por pessoa de diligência normal, em face das circunstâncias do negócio".

O erro consiste em uma falsa representação que vicia a vontade do contratante no momento da celebração do contrato.[114] Segundo Gomes, o erro impede que a vontade do declarante "se forme em consonância com sua verdadeira motivação. Tendo sobre um fato

---

111. Tradução livre de: "*Tacit assumptions are not made explicit, even where they are the basis of a contract, precisely because they are taken for granted. They are so deeply embedded in the minds of the parties that it simply doesn't occur to them to make these assumptions explicit.*" (EISENBERG, Melvin A. Impossibility, impracticability and frustration. In: *Journal of Legal Analysis*, v. 1, No. 1, 2009. p. 211).
112. "A condição, em sentido técnico-jurídico, é sempre uma modalidade do negócio jurídico e, portanto, uma limitação *voluntária* à sua eficácia. Tem como fonte a vontade das partes." (SCHREIBER, Anderson. *Manual de direito civil contemporâneo*. São Paulo: Saraiva Educação, 2018. p. 229).
113. Tradução livre de: "(...) *una vicisitud que puede invocarse pese a la falta de previsión expresa de los contratantes.*" (FREYTES, Alejandro E. *La frustración del fin del contrato*. 2 Ed., Bogotá: Grupo Editorial Ibáñez, 2016. p. 232-233).
114. "O legislador de 1916 já equiparara a ignorância – ausência completa de conhecimento de um pressuposto ou elemento essencial do negócio jurídico a ser celebrado – ao erro – falsa representação da realidade na qual se funda a declaração de vontade." (TEPEDINO, Gustavo; BARBOZA, Heloisa Helena; MORAES, Maria Celina Bodin de. *Código Civil interpretado conforme a Constituição da República*, v. I. 3 Ed. Rio de Janeiro: Renovar, 2014. p. 138).

ou sobre um preceito noção inexata ou incompleta, o agente emite sua vontade de modo diverso do que a manifestaria, se deles tivesse conhecimento exato, ou completo".[115]

Das hipóteses disciplinadas no Código Civil, a que mais se aproxima da frustração do fim do contrato é a do erro quanto ao motivo. Nesse particular, estabelece o art. 140 do Código Civil que "o falso motivo só vicia a declaração de vontade quando expresso como razão determinante".[116]

Assim como ocorre na frustração do fim do contrato, o erro sobre os motivos não terá relevância jurídica quando se estiver diante de motivos internos, não exteriorizados pelo contratante. É o que ocorre, por exemplo, quando uma pessoa adquire determinando bem, pretendendo presentear um amigo em seu aniversário, mas se equivoca quanto à data do referido evento. Evidentemente, a compra e venda não poderá ser anulada à luz de tais circunstâncias.

Com efeito, para que esse remédio seja aplicável, impõe-se que "o outro contratante, tenha conhecimento do motivo e o aceite como razão essencial do negócio, gerando, assim, um acordo a seu respeito".[117] Embora haja discussão no que tange a esse ponto, parte relevante da doutrina sustenta que o referido acordo não precisa, necessariamente, ser escrito, entendendo-se que ao utilizar o termo "expresso", o legislador pretendeu se referir a acordo que é "manifesto, real, mas pode ser verbal e até pode constar de declarações receptícias tácitas".[118]

---

115. GOMES, Orlando. *Introdução ao direito civil*. Coordenador: BRITO, Edvaldo. 19 Ed. rev. e atual., Rio de Janeiro: Forense, 2007. p. 373-374.
116. O art. 139 do Código Civil prevê, ainda, que:
"Art. 139. O erro é substancial quando:
I – interessa à natureza do negócio, ao objeto principal da declaração, ou a alguma das qualidades a ele essenciais;
II – concerne à identidade ou à qualidade essencial da pessoa a quem se refira a declaração de vontade, desde que tenha influído nesta de modo relevante;
III – sendo de direito e não implicando recusa à aplicação da lei, for o motivo único ou principal do negócio jurídico."
117. THEODORO JÚNIOR, Humberto. In: TEIXEIRA, Sálvio de Figueiredo (coord). *Comentários ao novo Código Civil*, v. III, Tomo I. 2 Ed. Rio de Janeiro: Editora Forense, 2003. p. 91-92.
118. THEODORO JÚNIOR, Humberto. In: TEIXEIRA, Sálvio de Figueiredo (coord.). *Comentários ao novo Código Civil*, v. III, Tomo I. 2 Ed. Rio de Janeiro: Editora Forense, 2003. p. 92.

Nessa linha, Schreiber leciona que o negócio jurídico será anulável quando o falso motivo for razão determinante do negócio, "assim entendida não apenas a razão expressa, mas também aquela que resulte inequivocamente das circunstâncias". E, ao assim fazer, o autor menciona que "o ponto aqui discutido associa-se à antiga teoria da pressuposição de Windscheid".[119]

De fato, há visível proximidade entre o erro sobre motivo e a teoria da pressuposição que, como se viu no item 1.1.2, se baseava na existência de uma relação de dependência entre a declaração de vontade e determinadas circunstâncias pressupostas pelo declarante, cuja ausência autorizaria o desfazimento do negócio. Tanto é assim que uma das principais críticas sofridas por Windscheid foi a proximidade com o conceito de motivo interno.

Essa questão foi abordada por Larenz ao separar a base subjetiva e a base objetiva, definindo a primeira como uma representação mental que influiu fortemente na formação dos motivos – o que seria relevante justamente na aplicação do instituto do erro –, e a segunda como o "conjunto de circunstancias cuja existência ou persistência é pressuposto do contrato".[120]

Não há dúvida de que a teoria da frustração do fim do contrato evoluiu no sentido de objetivar o conceito de fim, o qual é atualmente descrito como "o propósito ao qual o contrato serve na vida real, isto é, o resultado empírico ou prático que, em atenção aos próprios e peculiares interesses, se pretende alcançar".[121] Ainda assim, tal noção guarda similaridades com o conceito de motivo enquanto razão determinante do contrato atualmente utilizado pela doutrina ao tratar do erro.

Na realidade, a diferença mais marcante entre a frustração do fim do contrato e o erro é o momento da contratação em que cada

---

119. SCHREIBER, Anderson. *Manual de direito civil contemporâneo*. São Paulo: Saraiva Educação, 2018. p. 250.
120. Tradução livre de "*el conjunto de circunstancias cuya existencia o persistencia presupone debidamente el contrato.*" (LARENZ, Karl. *Base del negocio jurídico y cumplimiento de los contratos*. Madrid: Editora Revista de Derecho Privado, 1956. p. 37).
121. Tradução livre de: "(...) *el propósito a que el contrato sirve dentro de la vida real, es decir, el resultado empírico o práctico que en orden a los proprios y peculiares intereses se pretende alcanzar.*" (DÍEZ-PICAZO, Luis. Prefácio da obra SANZ, Vicente Espert. *La frustración del fin del contrato*. Madri: Editorial Tecnos, 1968. p. 10).

instituto incide. Espert Sanz esclarece que, ainda que se busque a anulação em momento posterior, a causa da ineficácia gerada pelo erro surge no momento da formação da vontade contratual – tanto é assim que se trata de defeito do negócio jurídico. Já ineficácia gerada pela frustração do fim do contrato ocorre após a contratação, sendo certo que o contrato "goza de uma vida perfeita, não claudicante, como no caso do erro, por todo o tempo que decorre entre o seu aperfeiçoamento e a ocorrência do evento que frustra a possibilidade de se alcançar o fim do contrato".[122]

Como se vê, a frustração do fim do contrato e o erro tem função bastante similar: tutelar os motivos determinantes ou os resultados práticos diretos e imediatos que cada uma das partes pretende extrair do cumprimento do contrato, desde que reconhecidos pela outra parte expressa ou implicitamente. Porém, enquanto o erro é um defeito do negócio jurídico que surge no momento da contratação, a frustração do fim do contrato é causa superveniente de ineficácia de contrato que, até a ocorrência do evento que a gerou, era plenamente válido e eficaz.

A constatação de que o erro, instituto absolutamente consolidado no Brasil, garante tutela à situação jurídica em que o contratante se equivoca em relação ao motivo determinante da contratação, vem apenas reforçar a relevância da aplicação da frustração do fim do contrato no ordenamento brasileiro, eis que esta última tutela interesse qualitativamente semelhante, porém em momento diverso da relação contratual.

1.3.2.4 A frustração do fim do contrato e o desequilíbrio contratual superveniente

A frustração do fim do contrato e o desequilíbrio contratual superveniente são comumente tratados em conjunto. Afinal, como já noticiado, ambos os institutos encontram raízes na medieval *clausula rebus sic stantibus* e se relacionam à alteração superveniente

---

122. Tradução livre de: "*goza de una vida perfecta, no claudicante, como em el caso del error, por todo el tempo que corre entre la perfección y el acontecimiento que frustra la posibilidad de conseguir el fin del contrato.*" (SANZ, Vicente Espert. *La frustración del fin del contrato*. Madri: Editorial Tecnos, 1968. p. 136).

de circunstâncias. Tanto é assim que, em conjunto, formam as situações tratadas por Larenz sob a ótica da quebra da base objetiva do contrato.[123]

Não obstante, não há dúvida de que se tratam de institutos diversos. Mesmo Larenz, apesar de abarca-los sob o mesmo gênero (quebra da base objetiva do contrato), esclarece que se tratam de hipóteses distintas, que, por conseguinte, merecem tratamentos diferentes.

Também na Itália, embora tenha havido tentativa de tutelar ambas as hipóteses sob a égide do art. 1467 do Código Civil, jurisprudência e doutrina rapidamente notaram a insuficiência do dispositivo para tanto, passando a se valer de uma noção moderna da teoria da pressuposição para lidar com as situações objeto do presente estudo, como se viu no item 1.2 acima. Nesse sentido, ressalta Gallo:

> Portanto, não devemos nos surpreender se na Itália, mesmo depois de o Código ter expressamente regulado a impossibilidade de cumprimento e a onerosidade excessiva superveniente, a jurisprudência continue a falar das hipóteses mencionadas acima sob a ótica da pressuposição. Trata-se, de fato, de *fattispecie* diferentes.[124]

---

123. "Entendemos por 'base objetiva do negócio' as circunstâncias e estado geral as coisas cuja existência ou subsistência é objetivamente necessária para que o contrato subsista, segundo o significado das intenções de ambos contratantes, como regulação dotada de sentido. Um contrato não pode subsistir como regulação dotada de sentido:
a) quando a relação de equivalência entre prestação e contraprestação que nele se pressupõe se destruiu em tal medida que não se pode mais falar racionalmente em 'contraprestação';
b) quando a finalidade objetiva do negócio, expressada no seu conteúdo, se tornar inalcançáveis ainda que a prestação do devedor ainda seja possível."
Tradução livre de: "*Entendemos por 'base del negocio objetiva' las circunstancias y estado general de cosas cuya existencia o subsistencia es objetivamente necesaria para que el contrato subsista, según el significado de las intenciones de ambos contratantes, como regulación dotada de sentido. Un contrato no puede subsistir como regulación dotada de sentido:*
a) *cuando la relación de equivalencia entre prestación y contraprestación que en él se presupone, se haya destruido en tal medida que no pueda ya hablarse racionalmente de 'contraprestación';*
b) *cuando la finalidad objetiva del contrato, expresada en su contenido haya resultado inalcanzable, aun cuando la prestación del deudor sea todavía posible.*" (LARENZ, Karl. *Base del negocio jurídico y cumplimiento de los contratos*. Madrid: Editora Revista de Derecho Privado, 1956. p. 170).

124. Tradução livre de: "*Non ci deve quindi stupire se in Italia, anche dopo che il codice ha espressamente regolato l'impossibilità ad adempiere e l'eccessiva onerosità sopravvenuta, la giurisprudenza continui a parlare delle ipostesi menzionate da ultimo sotto il colore pella*

1 • FRUSTRAÇÃO E FUNDAMENTO NO ORDENAMENTO BRASILEIRO   49

Considerando as notáveis similaridades entre os dispositivos relevantes dos Códigos Civis italiano e brasileiro, não é de se estranhar que cenário semelhante se desenhe no ordenamento pátrio.

No Código Civil brasileiro, o desequilíbrio contratual superveniente é disciplinado pelos artigos 317 e 485. Enquanto o primeiro autoriza a revisão do preço quando "por motivos imprevisíveis, sobrevier desproporção manifesta entre o valor da prestação devida e o do momento de sua execução", o segundo estabelece que o devedor poderá pleitear a resolução "nos contratos de execução continuada ou diferida, se a prestação de uma das partes se tornar excessivamente onerosa, com extrema vantagem para a outra, em virtude de acontecimentos extraordinários e imprevisíveis".[125]

De acordo com Schreiber, o art. 317 do Código Civil retrata a hipótese de desequilíbrio contratual horizontal, "verificado a partir do agravamento do sacrifício econômico imposto ao contratante no tempo – entre o momento da formação do contrato e momento de sua execução", enquanto o art. 478 do mesmo diploma tutela situações de desequilíbrio contratual vertical, "constatado a partir da comparação entre os direitos e obrigações (*latu sensu*) recíprocos que compõem o objeto do contrato".[126]

Seja qual for a hipótese, o autor explica que a questão do desequilíbrio contratual superveniente deve ser abordada como um problema de cunho econômico e objetivo, sendo certo que "o que persegue a ordem jurídica com um princípio do equilíbrio contratual é precisamente que o contrato não apresente uma grave desproporção dos seus impactos econômicos sobre os contratantes, entre si ou ao longo do tempo".[127]

---

presupposizione. Si tratta in effeti di fattispecie differenti." (GALLO, Paolo. *Sopravvenienza contrattuale e problemi di gestione del contrato*. Milão: Dott. A. Giuffrè Editore, 1992. p. 276).

125. Não obstante a literalidade do dispositivo, atualmente, relevante doutrina defende a revisão como remédio possível e até mesmo preferencial diante do desequilíbrio contratual superveniente. Nesse sentido, uma das propostas interpretativas expostas na tese de titularidade de Anderson Schreiber: SCHREIBER, Anderson. *Equilíbrio contratual e dever de renegociar*. São Paulo: Saraiva Educação, 2018. p. 250-273.

126. SCHREIBER, Anderson. *Equilíbrio contratual e dever de renegociar*. São Paulo: Saraiva Educação, 2018. p. 216.

127. SCHREIBER, Anderson. *Equilíbrio contratual e dever de renegociar*. São Paulo: Saraiva Educação, 2018. p. 214.

Daí se extrai que a frustração do fim do contrato não se confunde com o desequilíbrio contratual superveniente, na medida em que a primeira não se caracteriza pela desproporção dos impactos econômicos do contrato, e sim pela superveniente impossibilidade de alcançar o escopo contratual perseguido pelas partes.

Ou seja, a frustração do fim do contrato pode até gerar um sacrifício excessivo a uma das partes, mas não sob a ótica de desproporção econômica das obrigações e direitos assumidos entre os contratantes, e sim porque "o benefício pelo qual se está pagando não tem mais qualquer utilidade ou razão de ser, uma vez que a finalidade do contrato se perdeu".[128]

Interessante notar, por fim, que, conquanto a doutrina contemporânea caminhe no sentido de defender a revisão de contratos desequilibrados, à luz do princípio da conservação dos pactos, tal remédio parece incompatível com a maior parte das hipóteses contempladas pela frustração do fim do contrato, já que a perda de finalidade não pode ser resolvida com a adaptação da relação contratual.

1.3.2.5 A frustração do fim do contrato e o caso fortuito ou força maior

O parágrafo único do art. 393 do Código Civil estabelece que "o caso fortuito ou de força maior verifica-se no fato necessário, cujos efeitos não era possível evitar ou impedir". A partir disso, Pontes de Miranda aponta para a inutilidade de distinção entre caso fortuito e de força maior,[129] conceituando-os como "acontecimento, previsível ou não, que causa danos e cujas consequências são inevitáveis".[130]

Assim, o devedor não responderá pelos danos causados pelo caso fortuito ou de força maior, nos termos do art. 393 do Código

---

128. COGO, Rodrigo Barreto. *A frustração do fim do contrato*. Rio de Janeiro: Renovar, 2012. p. 295.
129. Também nesse sentido: RODRIGUES, Silvio. *Direito Civil* – v. 2. 30 Ed., São Paulo, Editora Saraiva: 2002. p. 240; GOMES, Orlando. *Obrigações*. Coordenador: BRITO, Edvaldo. 17 Ed. rev. e atual., Rio de Janeiro: Forense, 2008. p. 180; MARTINS-COSTA, Judith. In: TEIXEIRA, Sálvio de Figueiredo (coord). *Comentários ao novo Código Civil*, v. V, Tomo II. 2 Ed. Rio de Janeiro: Editora Forense, 2009. p. 288.
130. IRANDA, Francisco Cavalcanti Pontes de. *Tratado de Direito Privado*, t. XXIII. Atualizado por NERY JR. Nelson; NERY, Rosa Maria de Andrade. São Paulo: Revista dos Tribunais, 2012. p. 159.

Civil,[131] vez que o incumprimento lhe será inimputável.[132] Do mesmo modo, o evento em questão poderá levar à impossibilidade superveniente da prestação,[133] hipótese em que as partes se verão liberadas do cumprimento das obrigações previstas nos contratos, conforme visto no Item 1.3.2.1 acima.

Verifica-se, portanto, que o caso fortuito ou de força maior é situação de fato que poderá conduzir à impossibilidade superveniente da prestação. Da mesma forma, um fato necessário, cujos efeitos não era possível evitar ou impedir, pode conduzir à frustração do fim do contrato, quando levar à impossibilidade de alcançar o fim perseguido pelos contratantes.[134]

---

131. "Art. 393. O devedor não responde pelos prejuízos resultantes de caso fortuito ou força maior, se expressamente não se houver por eles responsabilizado."
132. "A respeito do não cumprimento propriamente dito, há que se verificar qual a sua causa. Importa distinguir, na verdade, se a prestação deixou de ser realizada em consequência de facto do devedor, ou se, pelo contrário, isso derivou de facto do credor ou de terceiro, de circunstância fortuita ou de força maior, ou, inclusive, da lei. Assim, o incumprimento dir-se-á imputável ou não imputável ao devedor. Só no primeiro caso existe uma autêntica e característica falta de cumprimento." (COSTA, Mário Júlio de Almeida. *Direito das obrigações*. 12 Ed., rev. e atual. Coimbra: Almedina, 2009. p. 1034).
133. MARTINS-COSTA, Judith. In: TEIXEIRA, Sálvio de Figueiredo (coord). *Comentários ao novo Código Civil*, v. V, Tomo II. 2 Ed. Rio de Janeiro: Editora Forense, 2009. p. 290.
134. Há quem sustente que há relação de causa e efeito entre a frustração do fim do contrato e o caso fortuito ou de força maior: "O caso fortuito ou de força maior revela-se no fato necessário e inevitável, inimputável a qualquer das partes, o qual acarreta, via de regra, a impossibilidade de cumprimento da obrigação. Há, por consequência, uma impossibilidade objetiva e absoluta de se executar a obrigação, de forma que o devedor é exonerado da responsabilidade pelo incumprimento. No entanto, pode ocorrer de o evento fortuito ou de força maior implicar somente em uma dificuldade ou maior onerosidade da prestação, o que não acarreta a liberação do devedor, nos termos do art. 393 do Código Civil, mas pode dar ensejo à resolução por excessiva onerosidade. Sendo assim, caso fortuito ou de força maior é fato e/ou evento que acarreta a produção desses efeitos (impossibilidade ou dificuldade). A frustração do fim do contrato é mais um dos efeitos que o caso fortuito ou de força maior pode gerar. Dessa forma, observamos que a relação entre eles é de causa e efeito, o que não os torna idênticos." (COGO, Rodrigo Barreto. *A frustração do fim do contrato*. Rio de Janeiro: Renovar, 2012. p. 272-273). A afirmação, todavia, pode ser problemática à luz da doutrina que defende que a impossibilidade absoluta é requisito para configuração do caso fortuito ou de força maior. Sobre esse ponto, a clássica lição de Serpa Lopes: "O devedor deve provar que deixou de cumprir a obrigação atento a que o evento sobrevindo o privou de agir de outro modo, Daí o dizer-se que o evento constitutivo da força maior deve ser invencível ou irresistível. Todavia não se deve confundir impossibilidade com dificuldade, pois esta não exonera o devedor da responsabilidade

Assim, a impossibilidade superveniente e a frustração do fim do contrato são efeitos diferentes que podem ser gerados a partir de situação concreta que juridicamente se qualificaria como caso fortuito ou de força maior.

1.4 FUNDAMENTO NO ORDENAMENTO BRASILEIRO

A inexistência de dispositivo legal específico acerca da frustração do fim do contrato no ordenamento pátrio não constitui obstáculo para o seu reconhecimento no Brasil. Na realidade, conforme narrado neste capítulo, o instituto surgiu e se desenvolveu em diversas experiências jurídicas estrangeiras como uma construção doutrinária e jurisprudencial, sendo posteriormente positivado em algumas delas.

No Brasil, relevante doutrina sustenta que o instituto encontra guarida no princípio da função social do contrato, positivado no artigo 421 do Código Civil.[135] Nessa linha, o Enunciado n° 166, aprovado na III Jornada de Direito Civil, dispõe que "a frustração do fim do contrato, como hipótese que não se confunde com a impossibilidade da prestação ou com a excessiva onerosidade, tem guarida no Direito brasileiro pela aplicação do art. 421 do Código Civil".

Cogo, propositor do verbete acima transcrito, entende que o contrato que não pode mais cumprir sua finalidade "não atende à função social, visto que não permite mais que ele funcione como um instrumento de troca que proporcione a satisfação dos interesses dos contratantes, não sendo lícito exigir o seu cumprimento".[136]

---

pelo inadimplemento da obrigação, reconhecendo, ainda, a melhor doutrina que a impossibilidade deve ser absoluta e não relativa." (LOPES, Miguel Maria de Serpa. *Curso de direito civil*: v. 2 (obrigações em geral). 2 Ed. Rio de Janeiro: Freitas Bastos, 1954. p. 464).

135. "Art. 421. A liberdade de contratar será exercida nos limites da função social do contrato."

136. COGO, Rodrigo Barreto. A frustração do fim do contrato. Rio de Janeiro: Renovar, 2012. p. 328. Também nesse sentido: NEVES, José Roberto de Castro. *Direito das obrigações*. Rio de Janeiro: GZ Editora, 2008. p. 230; AZEVEDO, Antônio Junqueira de. Natureza jurídica do contrato de consórcio. Classificação dos atos jurídicos quanto ao número de partes e quanto aos efeitos. Os contratos relacionais. A boa-fé nos contratos relacionais. Contratos de duração. Alteração das circunstâncias e onerosidade excessiva. Sinalagma e resolução contratual. Resolução parcial do contrato. Função social do contrato. In:

Todavia, como reconhecido pelo próprio autor essa posição parte da premissa de que a função social do contrato também se destina a tutelar os interesses dos contratantes.[137] Tal premissa, a nosso ver, não se alinha com o melhor conceito de função social do contrato, que não deve ser entendida como um instrumento de proteção dos contratantes, mas sim de imposição a eles de deveres extracontratuais relevantes. Como leciona Tepedino, "a função social, em última análise importa na 'imposição aos contratantes de deveres extracontratuais, socialmente relevantes e tutelados constitucionalmente", não devendo "significar, todavia, uma ampliação da proteção dos próprios contratantes, o que amesquinharia a função social do contrato, tornando-a servil a interesses individuais patrimoniais que, posto legítimos, já se encontram suficientemente tutelados pelo contrato."[138]

Desse modo, não parece tecnicamente correto apoiar a aplicação da frustração do fim do contrato na função social do contrato, que se destina a criar deveres para os contratantes, e não a servir como meio de tutela do programa contratual e dos interesses individuais das partes.

Mais acertada, nesse sentido, a doutrina que sustenta que a frustração do fim do contrato teria fundamento na cláusula geral de boa-fé objetiva, nos termos dos arts. 187 e 422 do Código Civil.[139]

Doutrinas Essenciais Obrigações e Contratos, v. 6, jun. 2011. p. 22; MELO, Marco Aurélio Bezerra de. *Curso de direito civil*, v. III, direito dos contratos, tomo I. São Paulo: Atlas, 2015. p. 384.

137. "Essa afirmação revela outra convicção: a de que a função social do contrato concretiza-se por meio de duas facetas, uma relativa aos interesses da sociedade com relação ao contrato e outra referente aos interesses de pessoas determinadas, em especial os contratantes ou terceiros perfeitamente identificáveis. Isso quer dizer que a concretização da função social do contrato pode ser feita tanto em razão de um negócio jurídico que afete a coletividade (o que é mais comum em se tratando de contratos que acarretem prejuízos aos consumidores ou ao meio ambiente) ou, ainda, com relação a um contrato que está prejudicando um dos contratantes, entendida a função social como função econômico-social concreta e objetiva do negócio' (ou *inter partes*)." (COGO, Rodrigo Barreto. A frustração do fim do contrato. Rio de Janeiro: Renovar, 2012. p. 328).
138. TEPEDINO, Gustavo. Notas sobre a função social dos contratos. In: TEPEDINO, Gustavo; FACHIN, Luiz Edson (Coord.). *O direito e o tempo*: embates jurídicos e utopias contemporâneas. Rio de Janeiro: Renovar, 2008. p. 398-399.
139. "Art. 422. Os contratantes são obrigados a guardar, assim na conclusão do contrato, como em sua execução, os princípios de probidade e boa-fé."

Esse foi o caminho trilhado no direito germânico. Não obstante esteja atualmente positivada no BGB, a frustração do fim do contrato foi consolidada ao longo de décadas na Alemanha por meio de construção doutrinária e jurisprudencial com base no princípio da boa-fé. A esse respeito, Zimmermann anota que "as regras de alteração das circunstâncias tinham sido articuladas e reconhecidas sob os auspícios da regra geral de boa-fé prevista no § 242 do BGB e, portanto, representam um dos mais notórios exemplos de doutrina construída a partir da jurisprudência, tendo agora encontrado nova base legal no § 313 do BGB".[140]

Antes da positivação do instituto no novo Código Civil argentino, Freytes também argumentava que a frustração do fim do contrato encontrava fundamento no princípio da boa-fé. Para o autor, a boa-fé objetiva não só auxilia, enquanto critério interpretativo, na identificação da função concreta do negócio, como impede que uma das partes pretenda o cumprimento literal do contrato quando a finalidade comum visada pelas partes se tornar inatingível.[141]

No direito pátrio, Noronha também ressalta que "a boa-fé exige que se dê o contrato por sem efeito quando a finalidade que as partes

---

140. Tradução livre de: "*The rules on change of circumstances had, prior to the reform, been worked out and generally recognized under the auspices of the general good faith rule of § 242 BGB and they had thus constituted one of the most famous examples of a judge-made legal doctrine; they have now found their statutory home in § 313 BGB.*" (ZIMMERMANN, Reinhard. *The new German law of obligations*. Oxford: Oxford University Press, 2005. p. 46).

141. "Pautas desta natureza impossibilitam que uma parte pretenda o cumprimento literal do contrato se a finalidade comum que as impulsionou a negociar fracassou, despojando o acordo do propósito prático que sustentava o interesse do credor. Ademais, o *standard* de referência permite reconstruir a função concreta de um negócio que não é senão a acumulação de propósitos práticos que as partes fixaram nele e aos quais o ordenamento outorgou efeitos jurídicos."
Tradução livre de: "*Pautas de esa naturaleza imposibilitan que una parte pretenda el cumplimiento literal del contrato, si la finalidad común que las impulsó a negociar se malogró, despojando al acuerdo del propósito práctico que sustentaba el interés del acreedor. Además, el estándar de referencia permite reconstruir la función concreta de un negocio, que no es sino el cúmulo de propósitos prácticos que las partes han fijado en él y a los que el ordenamiento ha otorgado efectos jurídicos.*" (FREYTES, Alejandro E. *La frustración del fin del contrato*. 2 Ed., Bogotá: Grupo Editorial Ibáñez, 2016. p. 252).

tinham em vista, e nele pressuposta, se torna definitivamente irrealizável, não obstante as prestações a que ambas de obrigaram, em si mesma, continuarem objetivamente possíveis".[142]

Somando-se a isso, em recente inovação legislativa, o art. 113, §1º, V, do Código Civil passou a dispor que o contrato deve ser interpretado conforme o sentido que "corresponder a qual seria a razoável negociação das partes sobre a questão discutida, inferida das demais disposições do negócio e da racionalidade econômica das partes, consideradas as informações disponíveis no momento de sua celebração". Embora se trate de regra interpretativa, o dispositivo vem referendar a importância dada pelo legislador brasileiro à tutela do que foi efetivamente almejado pelas partes no momento da contratação.

Com efeito, não há dúvida de que o corolário da boa-fé objetiva impõe a observância e respeito pelas partes à finalidade concreta que era efetivamente visada por elas no momento da contratação, não se podendo exigir a manutenção do vínculo a despeito da impossibilidade de alcançar tal fim. Conforme célebre frase de Lord Radcliffe na *House of Lords* inglesa, defendendo a extinção de contrato cuja finalidade foi frustrada, "*non haec in foedera veni. It was not this that I promised to do*".[143]

Como se isso não bastasse, a partir da promulgação da Constituição cidadã, assistiu-se a intenso processo de constitucionalização das relações privadas no país.[144] Uma das notas distintivas desse processo foi a funcionalização não só dos institutos de direito privado,

---

142. NORONHA, Fernando. *O direito dos contratos e seus princípios fundamentais*. São Paulo: Editora Saraiva, 1994. p. 200.
143. INGLATERRA, Davis Contractos Ltd. v. Fareham Urban District Council, [1956] A.C. 696. Disponível em: <https://www.trans-lex.org/311200>. Acesso em 20 set. 2018.
144. Como sintetizado na sexta proposição da Carta de Curitiba, resultado do VIII Encontro UFPR-UERJ dos Núcleos de Pesquisa em Direito Civil: "Necessário se faz refletir sobre as dimensões metodológicas e axiológicas da constitucionalização do Direito Civil, de modo a assegurar a unicidade do ordenamento, a supremacia da Constituição e a construção de critérios que permitam aferir o substrato axiológico dos princípios constitucionais, visando à sua efetividade. Na relação entre os diversos titulares de liberdades no âmbito das associações e comunidades intermediárias, deve existir espaço apto a proporcionar relevantes intersecções entre direitos fundamentais e liberdade de associação." (RTDC, v. 44, 2010, p. v-vi. Disponível em: < https://www.ibdcivil.org.br/volume/RTDC.Editorial.v.044.pdf >. Acesso em 20 jan. 2019).

que devem ser relidos à luz do ordenamento como um todo, como das situações jurídicas em geral. Com efeito, "hoje o perfil funcional é o mais relevante nessa distinção, pois utiliza o recorte fático para refletir sobre a específica função daquela situação no ordenamento jurídico".[145]

Desse modo, ao analisar qualquer situação jurídica, o interprete deve ir além do juízo de licitude, avaliando a legitimidade do ato a partir da realização de sua função. Por meio de análise funcional, deve-se realizar o que se denomina juízo de disfuncionalidade, "que identifica se o exercício de determinada situação jurídica subjetiva se dá de acordo com a sua função; trata-se de juízo eminentemente negativo, vale dizer, que reprime exercícios disfuncionais por meio de sanções negativas".[146]

Mais especificamente no âmbito das relações contratuais, atualmente se compreende que, para que seja merecedor de tutela no ordenamento jurídico, o adimplemento deve não só satisfazer os interesses do credor, como também efetivamente realizar a função concreta do negócio entabulado entre as partes.[147]

A frustração do fim do contrato ocorre, como se viu acima, justamente quando a finalidade do negócio – identificada por muitos autores como a sua função concreta – se torna inalcançável. Ora, se o contrato é merecedor de tutela na medida em que realiza a sua função concreta, não há sentido na manutenção do vínculo quando a realização de tal função não for mais possível.

Como se vê, tanto as noções de função negocial e interesse das partes, que são tão caras à civilística pátria contemporânea, quanto

---

145. TEIXEIRA, Ana Carolina Brochado e KONDER, Carlos Nelson. Situações jurídicas dúplices: controvérsias na nebulosa fronteira entre patrimonialidade e extrapatrimonialidade. In: *Diálogos sobre direito civil*: v. III (coord. TEPEDINO, Gustavo e FACHIN, Luiz Edson). Rio de Janeiro: Renovar, 2012. p. 6.
146. SOUZA, Eduardo Nunes de. Função negocial e função social do contrato: subsídios para um estudo comparativo. In: *Revista de direito privado*, v. 54, 2013. p. 86.
147. SCHREIBER, Anderson. A tríplice transformação do adimplemento: adimplemento substancial, inadimplemento antecipado e outras figuras. In: *Revista Trimestral de Direito Civil*, v. 8, n. 32, out./dez. 2007. Disponível em: <http://www.andersonschreiber.com.br/downloads/A_Triplice_Transformacao_do_Adimplemento.pdf>. Acesso em 10 jan. 2019. p. 12-13.

o princípio da boa-fé objetiva fundamentam a aplicação da teoria da frustração do fim do contrato no Brasil ainda que não haja dispositivo legal específico tratando do tema, assim como ocorre em diversas experiências jurídicas.

2
REQUISITOS PARA APLICAÇÃO DA FRUSTRAÇÃO DO FIM DO CONTRATO

Fixados os contornos teóricos do instituto da frustração do fim do contrato, cumpre investigar quais são os requisitos e pressupostos para a sua aplicação no ordenamento jurídico brasileiro, matéria que será abordada no presente capítulo.[148] Registre-se, no entanto, que o instituto objeto deste estudo tem aplicação residual, de modo que não será aplicável caso a finalidade se torne inatingível, mas a hipótese concreta se enquadre na disciplina legal de outras figuras jurídicas.[149]

2.1 ÂMBITO DE APLICAÇÃO DA FRUSTRAÇÃO DO FIM DO CONTRATO

De início, impõe-se delimitar o âmbito de aplicação da frustração do fim do contrato, isto é, que contratos este remédio poderá tutelar. Nesse ponto, exige-se que o contrato em questão seja exis-

---

148. Embora não se desconheça a classificação explorada por alguns autores, este trabalho não distinguirá entre pressupostos e requisitos. Sobre a distinção, confira-se: GOMES, Orlando. *Contratos*. 12 Ed., Rio de Janeiro: Forense, 1990. p. 45-46.
149. Por exemplo, o inadimplemento absoluto, em última instância conduz à impossibilidade de se alcançar o fim do contrato. Isso, contudo, não atrai a incidência da doutrina da frustração do fim do contrato. Com efeito, "as situações que já se encaixam em outras figuras ou institutos jurídicos, possuindo disciplina legal predeterminada, mas que, ao mesmo tempo, podem ser enquadradas na frustração da finalidade do contrato, devem permanecer reguladas pelas regras já existentes, por já fazerem parte da cultura jurídica e, também, por não serem legítimos casos de frustração. Para fins didáticos, podemos segmentá-las como hipóteses de *frustração do fim do contrato lato sensu*, enquanto a real, a técnica e a verdadeira frustração do contrato pode ser denominada *frustração do fim do contrato stricto sensu*." (COGO, Rodrigo Barreto. *A frustração do fim do contrato*. Rio de Janeiro: Renovar, 2012. p. 240).

tente e válido,[150] tendo em vista que, conforme leciona Junqueira de Azevedo, este instituto atua no plano da eficácia.[151] [152]

Ademais, afirma-se, de forma geral, que o cenário mais comum de aplicação da frustração do fim do contrato é o contrato bilateral, oneroso, comutativo e de execução diferida ou continuada.[153] Todavia, embora este fenômeno realmente se apresente com maior frequência nesses casos, cumpre investigar se há ou não limites efetivos para a sua aplicação.

Como se sabe, todo contrato é ato jurídico bilateral, vez que a sua formação depende da conjunção de duas ou mais declarações de vontade. Não obstante, o contrato em si poderá ser bilateral – quando os contratantes se obrigam reciprocamente uns em face dos outros – ou unilateral – quando uma parte se obriga em face de outra, sem que haja obrigação recíproca da contraparte.[154] Vale registrar, no entanto, que não basta a existência de obrigações recíprocas para caracterizar a bilateralidade do contrato, impondo-se que haja "relação de cor-

---

150. STIGLITZ, Rubén. *Objeto, causa y frustración del contrato*. Buenos Aires: Depalma, 1992. p. 24. Todavia, considerando que o negócio inválido produz efeitos até a sua anulação, seria possível cogitar da possibilidade de aplicação da doutrina da frustração do fim do contrato na hipótese de que a finalidade se torne inalcançável neste lapso, isto é, entre a formação do contrato e a sua anulação.
151. "(...) b) quando há frustração do fim do negócio. A consequência, em todas as hipóteses, é a ineficácia, com a ressalva de que, no desaparecimento da relação de equivalência, deve-se admitir sua restauração, mediante proposta da parte." (AZEVEDO, Antônio Junqueira de. Remissão interessada de dívida. Erro sobre o motivo determinante. Análise do negócio jurídico por suas bases subjetiva e objetiva. Frustração do fim do negócio jurídico e consequente enriquecimento sem causa. In: AZEVEDO, Antônio Junqueira de. *Novos ensaios e pareceres de direito privado*. São Paulo: Saraiva, 2009. p. 57).
152. Para análise detalhada dos planos da existência, validade e eficácia, confira-se: AZEVEDO, Antônio Junqueira de. *Negócio jurídico: existência, validade e eficácia*. 4 Ed. São Paulo: Saraiva, 2010. p. 23-71.
153. "O contrato, como regra geral para a possível aplicação da teoria da frustração do fim, deve ser bilateral, oneroso, comutativo, e, ainda, de execução diferida (razoavelmente diferida) ou trato de execução continuada."
    Tradução livre de: "*El contrato, como regla general para la posible aplicación de la teoría de la frustración del fin, ha de ser bilateral, oneroso, conmutativo, y además o bien de ejecución diferida (razonablemente diferida), o de tracto o ejecución continuada.*" (SANZ, Vicente Espert. *La frustración del fin del contrato*. Madri: Editorial Tecnos, 1968. p. 169).
154. Não se desconhece as inúmeras controvérsias que circundam tal classificação. Sobre o tema, confira-se: MORAES, Maria Celina Bodin de. O procedimento de qualificação dos contratos e a dupla configuração do mútuo no direito civil brasileiro. In: *Revista Forense*, v. 309, 1990. p. 33-61.

respectividade entre estas, de molde que uma obrigação seja a razão jurídica da outra, configurando-se, assim, o sinalagma".[155] Desse modo, "nos contratos bilaterais as duas partes ocupam, simultaneamente, a dupla posição de credor e devedor. Cada qual tem direitos e obrigações. À obrigação de uma corresponde o direito da outra".[156] É o caso, por exemplo, dos contratos de compra e venda e locação. Já nos contratos unilaterais, "uma das partes tem a condição de credor e a outra de devedor. Um dos contratantes tem direitos, o outro obrigações",[157] como ocorre no comodato, mútuo e mandato.

Os contratos bilaterais configuram campo mais propício para a ocorrência da frustração do fim do contrato, na medida em que há prestações recíprocas, que devem ser cumpridas de parte a parte. Essa concatenação de mútuos desejos, como anota Espert-Sanz, é terreno fértil para a ocorrência do fenômeno.[158] Afinal, nesses casos é mais provável que surja controvérsia invocada pela parte não prejudicada pela frustração, que pretende exigir o cumprimento de "prestação a que, em tese, faz jus, mas que, em decorrência de fato superveniente, é objeto de um contrato cujo sentido se perdeu".[159]

---

155. TEPEDINO, Gustavo. In: TEIXEIRA, Sálvio de Figueiredo (coord). *Comentários ao novo Código Civil*, v. X. Rio de Janeiro: Editora Forense, 2010. p. 33.
156. GOMES, Orlando. *Contratos*. 12 Ed., Rio de Janeiro: Forense, 1990. p. 77.
157. GOMES, Orlando. *Contratos*. 12 Ed., Rio de Janeiro: Forense, 1990. p. 77.
158. Esta concatenação de mútuos desejos, este prometo para conseguir, este me obrigo para conquistar, porque se não, nem me obrigaria nem prometeria, é o calcanhar de Aquiles, a brecha através da qual se mostrará uma certa debilidade intrínseca à bilateralidade. É dizer, se, ainda permanecendo possíveis as mútuas prestações, uma delas perde sentido, perde utilidade, deixa de ter interesse para o credor da mesma, não estaríamos autorizados a pensar que essa correlatividade se debilitou em sua própria natureza intrínseca? Não poderíamos supor que o laço que as une perdeu sua solidez? (...)"
    Tradução livre de: "*Esta concatenación de mutuos deseos, este prometo para conseguir, este me obligo para lograr, porque si no, ni me obligaría ni prometería, es el talón de Aquiles, la brecha a través de la que va a mostrarse una cierta debilidad intrínseca a la bilateralidad. Es decir, si, aun permaneciendo posibles las mutuas prestaciones, una de ellas pierde sentido, pierde utilidad, deja de tener interés para el acreedor de la misma, ¿no estaríamos autorizados a pensar que esa correlatividad se ha debilitado en su misma naturaleza intrínseca? ¿No podríamos suponer que el lazo que las une ha perdido su solidez?* (...)" SANZ, Vicente Espert. *La frustración del fin del contrato*. Madri: Editorial Tecnos, 1968. p. 170.
159. COGO, Rodrigo Barreto. *A frustração do fim do contrato*. Rio de Janeiro: Renovar, 2012. p. 198.

Por outro lado, a disciplina dos contratos unilaterais muitas vezes admite a resilição da relação mediante mera declaração de vontade de uma das partes, como ocorre, salvo exceções, no caso do mandato e do depósito, por força dos artigos 682, I[160] e 627[161] do Código Civil, respectivamente. Admitida a resilição unilateral, mediante exercício de direito potestativo de uma das partes, esvazia-se o sentido da invocação do instituto objeto deste estudo.

Isso, porém, não significa que haveria impeditivo para a aplicação da frustração do fim do contrato a todos os contratos unilaterais, sendo, porém, de ocorrência rara e limitada àqueles em que a resilição unilateral não é autorizada por lei.[162]

Sobre esse ponto, também é interessante notar que o legislador pátrio prestigiou o fim do contrato de comodato ao prever, na forma do artigo 581, que "se o comodato não tiver prazo convencional, presumir-se-lhe-á o necessário para o uso concedido", sendo certo que o comodante não poderá "salvo necessidade imprevista e urgente, reconhecida pelo juiz, suspender o uso e gozo da coisa emprestada, antes de findo o prazo convencional, ou o que se determine pelo uso outorgado".

No que diz respeito aos contratos onerosos e gratuitos, Darcy Bessone leciona que, conforme ensinamento da doutrina francesa, o elemento diferenciador entre essas categorias é a intenção de praticar liberalidade, de modo que seria gratuito o contrato em que uma das partes se obriga desinteressadamente e oneroso aquele em que ambas as partes contratam interessadas. Já de acordo com a corrente italiana, o contrato oneroso é aquele que onera ambas as

---

160. "Art. 682. Cessa o mandato: I – pela revogação ou pela renúncia;".
161. "Art. 627. Pelo contrato de depósito recebe o depositário um objeto móvel, para guardar, até que o depositante o reclame."
162. "Caso diverso ocorre com os contratos unilaterais, pois nestes geralmente é facultado àquele que não tem obrigações, ou mesmo àquele que as tem, extinguir a relação contratual mediante o exercício de um direito potestativo. É o que se verifica, por exemplo, no mandato, que pode ser revogado pelo mandante ou renunciado pelo mandatário, sem que, para isso, seja necessária a via judicial. A simples retirada da vontade já é o bastante. Por isso, os casos de frustração do fim do contrato ocorrerão mais excepcionalmente nos contratos unilaterais, pois eles já vêm dotados de possibilidades para solucionar o problema da perda de sentido ou da razão de ser do contrato." (COGO, Rodrigo Barreto. *A frustração do fim do contrato*. Rio de Janeiro: Renovar, 2012. p. 198).

partes, enquanto o gratuito onera apenas uma delas.[163] Para Caio Mário da Silva Pereira, são "onerosos, aqueles dos quais ambas as partes visam a obter vantagens ou benefícios, impondo-se encargos reciprocamente em benefício uma da outra. Gratuitos ou benéficos, aqueles dos quais somente uma aufere a vantagem, e a outra suporta, só ela, o encargo".[164]

Partindo da premissa de que o contrato oneroso é aquele em que ambas as partes assumem sacrifícios em contrapartida a vantagens, parcela da doutrina afirma que a onerosidade é característica imprescindível para a aplicação da teoria da frustração do fim do contrato. Isso porque, segundo esses autores, "o fim do contrato se frustra quando o devedor, que pode e ainda está disposto a realizar a sua prestação, se encontra perante a circunstância inesperada de que seu sacrifício econômico não mais interessa ao credor".[165]

Vale refletir, porém, a respeito dessa afirmação. Exemplo polêmico foi invocado no âmbito dos debates travados na XIII Jornada Nacional de Direito Civil da Argentina: "o da doação de prestações periódicas que tinha como motivo determinante a situação de indigência do donatário, que um dia, por razões supervenientes ao

---

163. "Note-se que, enquanto os franceses adotam como elemento de diferenciação a *utilidade*, os italianos fundam a distinção no *ônus*. Seria possível fazer-se uma só e mesma classificação com base em elemento distintivo tão diverso? Afigura-se-nos que a utilização de dados diferentes de distinção entre as duas categorias deve conduzir a classificações diversas.

  No nosso sentir, o que caracteriza o contrato *oneroso* é o *ônus* e, sendo assim, a distinção italiana, baseada nesse elemento, corresponde melhor à denominação, porque considera *oneroso* o contrato que *onera* as duas partes e *gratuito* aquele que que, onerando somente uma delas, é gratuito para a outra.

  A distinção francesa, diversamente, adota como elemento diferenciador a *intenção liberal* ou o *animus donandi*, considerando gratuito o contrato em que uma das partes se obriga *desinteressadamente* e *onero* o em que ambas contratam *interessadas*. Então, a denominação mais adequada, mais conforme à distinção adotada, deve ser a de contratos *interessados* e contratos *desinteressados*." (ANDRADE, Darcy Bessone de Oliveira. *Do contrato*. Rio de Janeiro: Forense, 1960. 3 Ed. p. 96-97).

164. PEREIRA, Caio Mário da Silva. *Instituições de direito civil*, v. III. 16 Ed. Rio de Janeiro: Forense, 2012, p. 56.

165. Tradução livre de: "*el fin del contrato se frustra cuando el deudor, que puede y está todavía dispuesto a realizar la prestación, se encuentra ante la circunstancia inesperada de que su sacrificio económico ya no interesa al acreedor.*" (FREYTES, Alejandro E. *La frustración del fin del contrato*. 2 Ed., Bogotá: Grupo Editorial Ibáñez, 2016. p. 255).

aperfeiçoamento do contrato e alheias à vontade das partes, cessa".[166] Argumentou-se que, frustrado o fim do contrato, seria possível a sua extinção.[167] Embora a posição não tenha prevalecido, foram registradas dissidências que sustentavam a admissão da aplicação da teoria da frustração aos contratos unilaterais e gratuitos.[168]

Em outro exemplo, imagine-se que um colecionador doe ao acervo do Museu Histórico Nacional determinadas obras de arte, a serem entregues após alguns meses e, nesse interim, ocorra o trágico incêndio que devastou o referido museu. Ou seja, há um contrato de doação[169] celebrado com a finalidade de que o bem doado seja utilizado de determinada forma, que posteriormente se torna impossível. Admitindo-se que a finalidade daquela doação era a exposição das obras no Museu Histórico Nacional, pode a avença ser extinta? Analisando essa questão, Espert-Sanz afirma que se ficar demonstrado que o doador não teria realizado a doação se aquele fim não fosse possível, o contrato deve ser revogado.[170]

---

166. Tradução livre de: *"el de la donación de prestaciones periódicas que tenía como móvil determinante la situación de indigencia del donatario, estado que, un día, por razones sobrevinientes al perfeccionamiento del contrato, y ajenas a la voluntad de las partes, cesa."* (STIGLITZ, Rubén. *Objeto, causa y frustración del contrato*. Buenos Aires: Depalma, 1992. p. 24).
167. Abstrai-se, para fins de simplificação do exemplo, a discussão a respeito de se essa avença hipotética configuraria promessa de doação, cuja admissibilidade no ordenamento brasileiro é discutível. Sobre a controvérsia, confira-se: BODIN DE MORAES, Maria Celina. Notas sobre a promessa de doação. *Civilistica.com*. Rio de Janeiro, a. 2, n. 3, jul.-set./2013. Disponível em: < http://civilistica.com/notas-sobre-a-promessa-de-doacao/>. Acesso em: 04 jan. 2018.
168. "Comissão nº 3, Contratos: Frustração do fim do contrato. (...)
    III – Âmbito de aplicação
    1 – Por maioria: A frustração do fim do contrato se desenvolve no marco dos contratos bilaterais, de execução diferida ou de trato sucessivo.
    2.a – Dissidência: Adicionar aos bilaterais, os unilaterais e onerosos.(...)
    2.c – Dissidência: Adicionar também os contratos gratuitos."
    Tradução livre de: *"Comisión nº 3, Contratos: Frustración del fin del contrato. (...)
    III.- Ámbito de aplicación
    1.- Por mayoria: La frustración del fin del contrato se desenvuelve en el marco de los contratos bilaterales, de ejecución diferida, o de tracto sucesivo.
    2.a.- Disidencia: Añaden a los bilaterales, los unilaterales y onerosos. (...)
    2.c.- Disidencia: Añaden también los contratos gratuitos."*
169. Ou de promessa de doação – o que, para fins do exemplo, se admitirá como lícito no ordenamento brasileiro.
170. "Mas pode acontecer que o fim em razão do qual se efetuou a prestação se torne impossível, inútil, ou se alcance por outros meios. Pode nesse caso o doador invocar a doutrina

No exemplo hipotético mencionado acima, pode-se argumentar que a exposição das obras de arte no Museu Histórico Nacional constitui encargo do donatário, atraindo a incidência dos artigos 137 e 555 do Código Civil brasileiro.[171] No entanto, caso se entenda que se trata da finalidade do negócio, incide a teoria da frustração do fim do contrato como forma de solucionar a questão.

Retornando aos contratos onerosos, estes se subdividem entre comutativos e aleatórios. Conforme a lição de Clovis Bevilaqua, "comutativos serão os onerosos, quando houver equivalência, aproximada ou exacta, entre as prestações das duas partes contractantes; aleatórios, se as vantagens a obter são incertas e vacilantes, podendo ser maiores, eguais ou menores que as prestações realizadas para obte-las ou, até, absolutamente nullas".[172] Noutras palavras, enquanto nos contratos comutativos as prestações são previamente conhecidas e guardam relativa equivalência, nos aleatórios "a prestação de uma das partes não é precisamente conhecida e suscetível de estimativa prévia, inexistindo equivalência com a da outra parte" e dependendo de evento incerto.[173]

---

da frustração do fim para revogar a doação realizada? Creio que é um problema que os Tribunais terão que resolver contemplando o caso concreto e segundo o critério da importância do fim: se resultar que o doador não teria feito a doação ante a impossibilidade de alcançar o fim, os Tribunais deverão ordenar a revogação da doação. Se o fim tem um valor puramente secundário, o donatário poderá conservar o bem doado."
Tradução livre de: "*Pero puede ocurrir que el fin em contemplación del que se ha efectuado la prestación devenga imposible, inútil, o se alcance por otros medios. ¿Puede en este caso el donante invocar la doctrina de la frustración del fin para revocar la donación realizada? Creo que es un problema que los Tribunales tendrán que resolver contemplando el caso concreto y según el criterio de la importancia del fin: si resultare que el donante no habría hecho la donación ante la falta del fin a alcanzar, los Tribunales deberán ordenar la revocación de la donación. Si el fin tiene un valor puramente secundario, el donatario podrá conservar el donado.*" (SANZ, Vicente Espert. *La frustración del fin del contrato*. Madri: Editorial Tecnos, 1968. p. 240).
171. Interessante notar que o artigo 137 do Código Civil brasileiro estabelece expressamente que "considera-se não escrito o encargo ilícito ou impossível, salvo se constituir o motivo determinante da liberalidade, caso em que se invalida o negócio jurídico". O doador também poderá revogar a doação em caso de inexecução do encargo, nos termos do artigo 555 do Código Civil. Ou seja, ao tratar da doação com encargo, o legislador aparentemente se preocupou em tutelar a sua finalidade, admitindo até mesmo a invalidade da avença caso esta seja impossível.
172. BEVILAQUA, Clovis. *Direito das Obrigações*. Rio de Janeiro: Editora Rio, 1977. p. 188.
173. PEREIRA, Caio Mário da Silva. *Instituições de Direito Civil*, v. III. 12 Ed. Rio de Janeiro: Forense, 2005. p. 68.

Diante dessa distinção, a doutrina especializada comenta que a comutatividade é a seara mais propícia para a ocorrência da frustração do fim do contrato, na medida em que, havendo prestações pré-definidas, os contratantes sabem o que esperar do negócio, sendo a sua finalidade mais facilmente identificável.[174] Não obstante, admite-se a aplicação da doutrina aos contratos aleatórios quando o evento que ensejar a frustração do fim do contrato estiver fora da álea contratual.[175] Assim, de forma semelhante ao que a mais atual doutrina sustenta com relação à onerosidade excessiva,[176] a frustração do fim do contrato será inaplicável apenas ao evento "fruto do acaso que, por escolha das partes, passa a integrar a economia do contrato, assumindo força constitutiva e conformando decisivamente a equação contratual".[177]

Por fim, há que se abordar os contratos de execução instantânea e de trato sucessivo. Em regra, afirma-se que a frustração do fim do contrato é estranha à primeira categoria supramencionada,[178] pois,

---

174. "A seara mais propícia à utilização da teoria da frustração do fim do contrato é aquela em que se apresenta a comutatividade, ou seja, no negócio jurídico em que as partes sabem, no momento de sua celebração, qual a extensão de suas obrigações; a relação entre vantagem e sacrifício é subjetivamente equivalente, havendo certeza quanto às prestações. A razão para tanto reside no fato de que, tendo as prestações sido definidas, cada contratante sabe o que esperar do outro e o que esperar do negócio em si, sem ficar na dependência de conhecer se as vantagens esperadas serão ou não obtidas, de modo que o fim do negócio materializa-se com mais facilidade, sem custo ou esforço." (COGO, Rodrigo Barreto. *A frustração do fim do contrato*. Rio de Janeiro: Renovar, 2012. p. 200).
175. FREYTES, Alejandro E. *La frustración del fin del contrato*. 2 Ed., Bogotá: Grupo Editorial Ibáñez, 2016. p. 256.
176. Nesse sentido, confira-se: BANDEIRA, Paula Greco. Contratos Aleatórios no Direito Brasileiro. Rio de Janeiro: Renovar, 2010; JUNQUEIRA, Thiago Villela. Os contratos aleatórios e os mecanismos de equilíbrio contratual. In: FIUZA, César Augusto de Castro; SILVA, Rafael Peteffi da; RODRIGUES JÚNIOR, Otávio (coord). Direito civil. Florianópolis: CONPEDI, 2014. Disponível em: <http://www.publicadireito.com.br/artigos/?cod=680ee49e28834678>. Acesso em: 04 jan. 2018. p. 246-273; SCHUNCK, Guiliana Bonanno. Onerosidade excessiva e contratos aleatórios. In: *Revista de Direito Civil Contemporâneo*, v. 05, Out-Dez 2015. p. 83-96.
177. MARTINS-COSTA, Judith. Contratos de derivativos cambiais. Contratos aleatórios. Abuso de direito e abusividade contratual. Boa-fé objetiva. Dever de informar e ônus de se informar. Teoria da imprevisão. Excessiva onerosidade superveniente. In: *Revista de Direito Bancário e do Mercado de Capitais*, v. 55. Disponível na data-base eletrônica da Revista dos Tribunais. p. 17.
178. "É conveniente assinalar, desde o princípio, que a frustração: (...) é estranha aos contratos de cumprimento instantâneo, que se esgotam num só momento; é preciso, para

para que um contrato esteja sujeito a fenômeno que depende da alteração superveniente das circunstâncias faz-se necessário, por imposição lógica, que a sua execução se protraia no tempo.[179] Porém, a justificava por trás de tal assertiva parece estar ligada ao momento da execução contratual em que o fenômeno ocorre, e não à classificação puramente estrutural dos contratos. Evidentemente, para que haja alteração superveniente nas circunstâncias, exige-se um lapso temporal no qual essa alteração possa se dar – trata-se de fator da realidade. Todavia, esse decurso de tempo entre a formação do vínculo e o fim da execução das prestações pode ocorrer tanto em contratos de execução instantânea quanto de trato sucessivo.[180]

Com efeito, conforme leciona Darcy Bessone, os contratos de execução instantânea são aqueles que se cumprem por meio da execução das prestações em momento estipulado, o qual não necessariamente se confunde com o momento temporal da contra-

---

sua produção, um contrato de longa duração e ocorre, portanto, na etapa de execução ou cumprimento."
Tradução livre de: "*Es conveniente señalar, desde el comienzo, que la frustración: (...) es extraña a los contratos de cumplimiento instantáneo, que se agotan en un solo momento; ha menester, para su producción, un contrato de larga duración y ocurre, por ende, en la etapa de ejecución o cumplimento;*" (ITURRASPE, Jorge Mosset. La frustración del contrato. In: ITURRASPE, Jorge Mosset; FALCÓN, Enrique M.; PIEDECASAS, Miguel A. *La frustración del contrato y la pesificación.* Buenos Aires: Rubinzal-Culzoni. p. 66).

179. "O fato de essas espécies de contratos terem sua execução protraída no tempo sujeita--os à alteração das circunstâncias, que é fato necessário para que a frustração ocorra. A frustração no ato da contratação não é frustração no sentido técnico (hipótese de ineficácia), mas, possivelmente, caso de invalidade do negócio." (COGO, Rodrigo Barreto. *A frustração do fim do contrato.* Rio de Janeiro: Renovar, 2012. p. 202).

180. Essa é a constatação de Anderson Schreiber, embora sob a ótica do desequilíbrio econômico superveniente: "A doutrina tem abordado o requisito sob uma perspectiva puramente estrutural, centrada sobre a classificação dos contratos em abstrato. (...) No tema do desequilíbrio contratual superveniente, o decurso do tempo deve ser visto, muito ao contrário, como fator da realidade necessário a possibilitar a reação da ordem jurídica na pendência da execução do contrato. Desse modo, independentemente do lapso de tempo ser ou não elemento intrínseco àquele tipo contratual ou de integrar ou não a causa concreta do contrato, o certo é que, em ocorrendo o prolongamento da sua execução, ainda que por razões puramente acidentais, o princípio do equilíbrio contratual continua a incidir, não havendo qualquer razão para impor limitações categoriais, baseadas em classificações abstratas e puramente estruturais, a concretização do aludido princípio." (SCHREIBER, Anderson. *Manual de direito civil contemporâneo.* São Paulo: Saraiva Educação, 2018. p. 237-238).

tação.¹⁸¹ Ou seja, o traço distintivo dessas avenças não é a execução imediata no momento da formação do vínculo e sim a realização das prestações em um só instante, que poderá ou não ser aquele da celebração.¹⁸²

Daí se extrai que é possível que haja decurso de tempo entre o momento da formação do vínculo e da execução das prestações nessa espécie de relação contratual. Se nesse interim ocorrer evento que frustre o fim do contrato, não parece haver óbice à aplicação do instituto. O que importa, conforme se verá a seguir, é que a execução contratual não tenha se encerrado – isto é, que esteja em curso ou sequer tenha se iniciado no momento em que ocorre evento que frustre o fim do contrato –, seja o contrato de execução instantânea ou de trato sucessivo.

Constata-se, assim, que embora seja indiscutível que o fenômeno ocorre com maior frequência em determinados contratos, não parece haver, ao menos de antemão, impeditivo para a sua aplicação a outras categorias contratuais, devendo esse juízo ser realizado caso a caso. De fato, é importante resistir à tentação de afirmar categoricamente que o instituto não é remédio cabível a determinadas categorias abstratas e estruturais de contratos, devendo-se, ao revés, priorizar uma análise funcional diante do caso concreto.

2.2 EXECUÇÃO CONTRATUAL NÃO INICIADA OU EM CURSO

A maior parte da doutrina sustenta que para que o instituto seja aplicável a determinado caso concreto impõe-se que a execução do

---

181. "*Instantâneos* são aqueles que se cumprem por uma só prestação, no momento estipulado, com a compra e venda de um objeto com pagamento integral, embora com prazo." (ANDRADE, Darcy Bessone de Oliveira. *Do contrato*. Rio de Janeiro: Forense, 1960. 3 Ed. p. 111). No mesmo sentido: RODRIGUES, Silvio. *Direito Civil*, v. 3. 28 Ed. São Paulo: Saraiva, 2002. p. 38.

182. "Com a expressão *contrato instantâneo* ou de *execução única*, designam-se os contratos cujas prestações podem ser realizadas em um só instante. Cumprida a obrigação, exaurem-se, pouco importando seja imediata à formação do vínculo ou se dê algum tempo depois. Em qualquer das hipóteses, o contrato será *instantâneo*, dado que na segunda sua execução também ocorre em um só momento. Distinguem-se, em consequência, os *contratos instantâneos de execução imediata* dos *contratos instantâneos de execução diferida*. Não se confundem estes, todavia, com os *contratos de duração*, que constituem a categoria oposta à dos contratos de execução única." (GOMES, Orlando. *Contratos*. 12 Ed., Rio de Janeiro: Forense, 1990. p. 85).

escopo contratual não tenha sido integralmente satisfeita, podendo estar em curso ou sequer ter se iniciado.[183] Noutras palavras, o evento que gera a impossibilidade de se alcançar o fim do contrato deve ocorrer no período entre a formação e a extinção do vínculo contratual.

Evidentemente, uma vez extinto o vínculo contratual em razão do cumprimento integral de seu escopo não há que se falar em superveniente impossibilidade de alcançar o seu fim. Afinal, as prestações já terão sido cumpridas e recebidas pelas partes, operando-se a sua liberação recíproca. Nesse cenário, não poderá uma das partes, diante de evento posterior à extinção da relação contratual, alegar que teria perdido o interesse no seu cumprimento, justamente porque o referido interesse já terá sido satisfeito com o integral cumprimento do escopo contratual em momento temporal anterior. De fato, uma vez adimplido, "o contrato esgota a sua função, ao alcançar o propósito prático fixado pelas partes em seu acordo".[184]

Ademais, admitir o contrário levaria à inegável insegurança jurídica, pois implicaria aceitar a possibilidade de as partes se valerem de alterações supervenientes à extinção do vínculo para alterarem o programa contratual.[185]

Nesse ponto, vale registrar que o legislador brasileiro buscou inviabilizar essa espécie de pretensão no que diz respeito à resolução por onerosidade excessiva ao dispor que esta só poderá ser invocada

---

183. "A prestação a cargo do devedor não deve estar integralmente satisfeita, ainda que resulte indiferente se o cumprimento começou ou não, pois mesmo pendente o fim negocial ainda pode se frustrar."
Tradução livre de: "*La prestación a cargo del deudor no debe estar integrante satisfecha, aunque resulta indiferente si el cumplimiento ha comenzado o no, pues aún pendiente, el fin negocial puede todavía malograrse.*" (FREYTES, Alejandro E. *La frustración del fin del contrato.* 2 Ed., Bogotá: Grupo Editorial Ibáñez, 2016. p. 257).
184. Tradução livre de: "*el contrato agotó su función al haberse alcanzado el propósito práctico fijado por las partes en el acordo.*" (FREYTES, Alejandro E. *La frustración del fin del contrato.* 2 Ed., Bogotá: Grupo Editorial Ibáñez, 2016. p. 258).
185. "Mas acreditamos que um contrato totalmente consumado, quando as prestações forem correspondentes ao pactuado e recebidas por seus respectivos credores, não pode ser alterado por uma circunstância superveniente. Caso contrário, a segurança da contratação cairia por terra."
Tradução livre de: "*Pero creemos que un contrato ya totalmente consumado, cuando las prestaciones han sido ajustadas a lo pactado y recibidas por sus respectivos acreedores, no puede ser alterado por una circunstancia posterior sobrevenida. Lo contrario haría caer por su base la seguridad de la contratación.*" (SANZ, Vicente Espert. *La frustración del fin del contrato.* Madri: Editorial Tecnos, 1968. p. 174).

em relação a contratos de execução continuada ou diferida, nos termos do art. 478 do Código Civil. A doutrina assinala que a razão por trás de tal regra é justamente "restringir a invocação da onerosidade excessiva por fato superveniente a contratos que ainda estivessem em fase de cumprimento", na medida em que "despertaria extrema insegurança que as partes pudessem, após o cumprimento de um contrato, invocar fatos extraordinários e imprevisíveis para rever o valor das prestações que considerassem extremamente onerosos ou para desfazer os contratos já cumpridos".[186]

Embora se tratem de institutos diversos, como se viu no item 1.3.2.4, essa preocupação também se verifica em relação à frustração do fim do contrato, já que a sua aplicação é igualmente ensejada pela alteração superveniente das circunstâncias. Imagine-se, por exemplo, que após a consumação de compra e venda de imóvel, com a efetiva transferência da propriedade, ocorra um evento que impeça a utilização do referido bem para o fim visado pelo comprador. Trata-se de risco a ser suportado pelo adquirente, na qualidade de novo proprietário do imóvel, sendo inadmissível a pretensão de desfazimento do negócio com base nesse fundamento.

Como se disse acima, a maior parte da doutrina se limita a identificar como requisito a necessidade de que o contrato seja de execução sucessiva ou, ainda, que a execução contratual não tenha chegado ao fim. No entanto, cumpre investigar se esse requisito é suficiente ou se haveria casos em que, embora a execução contratual ainda esteja em curso, o contratante não poderia se valer da doutrina da frustração do fim do contrato porque já recebeu a prestação que teria se tornado inútil em razão da superveniente perda de finalidade do contrato.

Explique-se. Imagine-se a hipótese em que uma empresa de engenharia é contratada para desenvolver e produzir turbina a ser entregue a uma montadora de aviões, que, por sua vez, pagará o preço em parcelas após a entrega. Imagine-se, então, que, entregue a turbina e estando em curso o prazo para pagamento parcelado – ou seja, não extinto o vínculo contratual – ocorra um evento superveniente que

---

186. SCHREIBER, Anderson. *Manual de direito civil contemporâneo*. São Paulo: Saraiva Educação, 2018. p. 425-426.

torne a turbina inútil para o propósito visado pelas partes. Poderá a montadora de aviões se valer da frustração do fim do contrato para requerer o reconhecimento da ineficácia do contrato naquele momento? A resposta parece ser negativa. Isso porque, embora a execução do contrato, estruturalmente, ainda esteja em curso, a montadora de aviões já recebeu a turbina e teve seu interesse satisfeito, não podendo se valer de situação posterior a tal recebimento para se liberar do cumprimento de suas obrigações.

Ao tratar do tema sob a ótica da onerosidade excessiva, Schreiber defende solução similar, sustentando que o desequilíbrio contratual superveniente não pode ser invocado em relação a obrigações que já tenham sido integralmente cumpridas "pela simples razão de que todo o sacrifício já foi realizado quando há a alteração superveniente das circunstâncias"[187].

Sob a mesma lógica, não poderá a parte que já recebeu a prestação contratada se valer da frustração do fim do contrato, uma vez que seu interesse já terá sido satisfeito quando da ocorrência do evento superveniente.

A diferença no tratamento dos dois institutos é que, na frustração do fim do contrato, o que se deve verificar não é, necessariamente, o cumprimento da obrigação pelo devedor que pleiteia a revisão contratual, mas sim o cumprimento da obrigação que se torna inútil em razão de evento que frustra o fim do contrato.

De todo modo, em ambos os casos, aplica-se a lição de que a pretensão "em relação à obrigação já adimplida não pertence mais ao campo dos remédios incidentes sobre o cumprimento do contrato (impossibilidade superveniente, onerosidade excessiva, etc.), podendo-se de tal pretensão cogitar tão somente no campo do direito restitutório (e.g., vedação ao enriquecimento sem causa)".[188]

Por fim, destaque-se que o momento da execução contratual em que ocorre a frustração poderá ser importante para fins dos efei-

---

187. SCHREIBER, Anderson. *Equilíbrio contratual e dever de renegociar.* São Paulo: Saraiva Educação, 2018. p. 240.
188. SCHREIBER, Anderson. *Equilíbrio contratual e dever de renegociar.* São Paulo: Saraiva Educação, 2018. p. 240.

tos da aplicação do instituto, na medida em que, tendo se iniciado a execução, os custos havidos pelas partes deverão ser equacionados no momento da frustração,[189] conforme se verá no capítulo 3.

2.3 FRUSTRAÇÃO DO FIM CONTRATUAL

Como se viu no item 1.3.1, há frustração do fim do contrato quando o fim do contrato se torna inalcançável, embora a prestação ainda seja possível. Conquanto não se exija que a finalidade do contrato esteja expressamente prevista na avença, esta também não deve ser presumida pelo intérprete a partir de interpretação criativa do que imagina ser a vontade das partes.

Conforme leciona Larenz, trata-se da finalidade visada por uma parte, desde que o outro contratante a tenha feito sua, transformando-a em finalidade objetiva do negócio. Ademais, de acordo com o autor, não basta que uma parte tenha comunicado à outra o resultado praticado por ela visado com aquele contrato. Impõe-se que a finalidade tenha sido levada em conta por ambas partes ao determinar o conteúdo do contrato.[190]

---

189. "Em todos estes casos não há, de fato, particulares contraindicações a admitir a possibilidade de rescindir o contrato, sempre que, naturalmente, não se tenha ainda iniciado a execução. O discurso torna-se, ao contrário, indiscutivelmente mais complexo no caso em que o contrato não esteja mais apenas no papel, mas tenha entrado em fase de execução. Nos casos desta espécie, o interesse do estipulante de se liberar do vínculo contratual já agora privado de utilidade contrapõe-se ao interesse da contraparte a ser, ao menos, compensada, pelos trabalhos e pelas despesas efetuadas em virtude da execução."

  Tradução livre de: "*In tutti questi casi non vi sono infatti particolari controindicazioni ad ammettere la possibilità di recedere dal contratto, semprechè naturalmente non ne sia ancora iniziata l'esecuzione. Il discorso diventa invece indubbiamente molto più complesso nel caso in cui il contratto non sia più solo sulla carta, ma sia entrato in fase di esecuzione. Nei casi di questo genere, l'interesse dello stipulante a liberarsi da un vincolo contrattuale ormai privo di utilità si contrapone all'interesse della controparte ad essere per lo meno compensata per i lavori e le spese effetuate in vista dell'esecuzione.*" (GALLO, Paolo. *Sopravvenienza contrattuale e problemi di gestione del contratto*. Milão: Dott. A. Giuffrè Editore, 1992. p. 317).

190. "Não é necessário que a finalidade em questão tenha se convertido no conteúdo do contrato no sentido de que seja expressamente mencionado nele; mas esta deve ter sido levada em conta por ambas as partes ao determinar o conteúdo e manifestar-se, pelo menos mediatamente, nele."

  Tradução livre de: "*No es necesario que la finalidad en cuestión se haya convertido en el contenido del contrato en el sentido de que se mencione expresamente en él; pero debe haberse*

2 • REQUISITOS PARA APLICAÇÃO DA FRUSTRAÇÃO DO FIM DO CONTRATO | 73

E isso deve ser aferível a partir das circunstâncias do caso concreto e dos termos do contrato.[191] Com efeito, "o próprio contrato, pela natureza das prestações pactuadas, das condições das partes, das demais cláusulas e condições que involucram o negócio, fornece elementos objetivos seguros para formulação de um juízo sobre a força e os efeitos da modificação superveniente em relação ao contrato".[192]

A partir dessas considerações, serão analisados alguns casos concretos em que o instituto foi invocado, buscando-se investigar os indícios para identificação do fim do contrato e, por consequência, da sua frustração.

Em primeiro lugar, não se pode deixar de mencionar os notórios *coronation cases*, cujo histórico de fatos não será novamente reproduzido, permitindo-se fazer referência às informações apresentadas no item 1.1.1 acima.[193] No entanto, vale lembrar que, no caso *Krell v. Henry*, diante do cancelamento do cortejo de coroação do Rei Eduardo VII, os julgadores ingleses liberaram o locatário da obrigação de pagar o saldo do preço por apartamento que havia alugado para assistir o referido evento.

Como o contrato nada dizia em relação à realização do cortejo, a corte analisou, à luz das circunstâncias do contrato, qual seria a base do contrato. Sobre esse ponto, vale registrar que (i) as tratativas entre as partes se iniciaram a partir de um anúncio público de que as janelas daquele imóvel estavam disponíveis para assistir a coroação; (ii) o apartamento tinha vista privilegiada para o local em que passaria o cortejo; (iii) o aluguel foi realizado apenas para os dias (e não noites) da coroação; e (iv) o preço contratado foi sensivelmente superior ao praticado no mercado.

---

tenido en cuenta por ambas las partes al determinar tal contenido y manifestarse, al menos mediatamente, en el mismo." (LARENZ, Karl. *Base del negocio jurídico y cumplimiento de los contratos*. Madrid: Editora Revista de Derecho Privado, 1956. p. 166).

191. ITÁLIA, Corte Suprema di Cassazione, Sesta Civile, Ordinanza n. 30734, Rel. Grasso Giuseppe, j. 04.10.2018.
192. ÁGUIAR JR., Ruy Rosado de. *Extinção dos contratos por incumprimento do devedor*. Rio de Janeiro: Aide, 1991. p. 150.
193. Conforme explicado no item supramencionado, os *coronation cases* são um conjunto de casos envolvendo pretensões de modificação ou extinção de contratos, em razão do cancelamento do cortejo de coroação do Rei Eduardo VII, em 1902, na Inglaterra, cujo julgamento deu origem ao desenvolvimento da doutrina da *frustration of purpose* no direito anglo-saxão.

Diante disso e não obstante o silêncio do contrato, a corte de apelação inglesa decidiu que "não apenas o interesse do contratante de assistir a coroação, mas a procissão de coroação e a posição dos aposentos formaram a base do contrato tanto para o contratado, quanto para o contratante".[194] Ou seja, as circunstâncias do caso conduziram à conclusão de que o contrato se destinava à realização daquele fim e que, tornando-se impossível a sua satisfação, não poderiam as partes permanecer obrigadas ao cumprimento das prestações.

Solução diversa foi dada por essa mesmíssima corte em *Herne Bay Steamboat Co. v. Hutton*, oportunidade em que se negou pedido de reembolso formulado por empresa que havia alugado um barco com o objetivo de levar um grupo para "assistir a revista naval em Spithead e aproveitar um dia de cruzeiro em volta da frota".[195] Nesse caso, entendeu-se que o propósito de Hutton não integrou a base do contrato, na medida em que não foi assumido como seu pela contraparte. Isso porque não havia qualquer indicativo de que o propósito do passeio teria sido levado em consideração na contratação. Além disso, o barco alugado não tinha peculiaridades ou características específicas que o tornassem próprio para a finalidade de visualização da procissão – qualquer barco de transporte de passageiros serviria para tanto.

Embora as soluções tenham sido divergentes, é possível extrair das decisões uma tônica comum: nos dois casos, o tribunal inglês investigou se o propósito de uma das partes passou a integrar a base do contrato, a partir das circunstâncias do caso (por exemplo, os fatos que conduziram à contratação, as tratativas entre as partes e as características específicas do bem objeto de locação) e dos termos e condições do contrato em si, como o preço e as peculiaridades do período de locação.

---

194. Tradução livre de: "*there is not merely the purpose of the hirer to see the coronation procession, but it is the coronation procession and the relative position of the rooms which is the basis of the contract as much for the lessor as the hirer (…)*". (INGLATERRA. Krell v. Henry (1903) 2 K.B. 740, Court of Appeal. Disponível em: <https://www.trans-lex.org/311100>. Acesso em: 21 set. 2018).
195. Tradução livre de: "*to view the royal naval review at Spithead and to enjoy a day's cruise around the fleet*" (BURROWS, Andrew. *A casebook on contract*. 3 Ed. Oxford: Hart Publishing, 2011, 2014. p. 695).

As características específicas do bem também foram determinantes para o Tribunal Federal Alemão ao extinguir contrato de arrendamento de posto de gasolina, em razão de alteração legislativa superveniente que proibiu a venda de gasolina durante a 1ª Guerra Mundial. Com efeito, entendeu-se que, apesar da falta de previsão contratual expressa nesse sentido, o bem objeto de arrendamento (posto de gasolina), por suas especificidades, só poderia ser utilizado para uma finalidade (comercialização de gasolina), razão pela qual, tornando-se tal finalidade impossível, não poderia o contrato permanecer em vigor. De acordo com Larenz, trata-se de hipótese claríssima de impossibilidade de alcançar o fim do contrato, tendo em vista que o uso pressuposto por ambos os contratantes se tornou juridicamente impossível.[196]

O mesmo critério foi utilizado pela corte em 1953 em caso relacionado ao fornecimento de seiscentas furadeiras pneumáticas que haviam sido encomendadas por comerciante que iria vendê-las

---

[196] "Um caso claríssimo de desaparecimento da base objetiva do negócio por impossibilidade de alcançar o fim do contrato ou de exercer o direito (*imposibilité de jouissance*), devido a uma transformação imprevisível das circunstâncias, é o seguinte: o demandante tomou em arrendamento pouco antes da Primeira Guerra Mundial um posto de gasolina, que não pôde explorar pelo confisco de toda gasolina ao estourar a guerra e pela impossibilidade de uso do posto para outra finalidade. O Supremo Tribunal do Reich não tentou encaixar este caso de forma artificial em uma ou outra disposição legal, e fundamentou sua sentença, acertadamente, em um princípio jurídico geral, extraído da essência do contrato bilateral. Disse o tribunal que 'se a utilização (a única possível para o posto de gasolina) não é possível, por obra de acontecimentos extraordinários alheios ao arrendatário, o prejuízo causado é do arrendador, que perde o direito à contraprestação se o uso previsto resulta impossível em absoluto, e não só do arrendatário'."
Tradução livre de: "*Un caso clarísimo de desaparición de la base del negocio objetiva por imposibilidad de alcanzar el fin del contrato o de ejercer el derecho (imposibilité de jouissance), debida a una transformación imprevisible de las circunstancias, es el siguiente. El demandante había tomado en arriendo poco antes de la primera guerra mundial un surtidor de gasolina, que no pudo explorar por la incautación de toda la gasolina al estallar la guerra y la imposibilidad de usar el surtidor para otra finalidad. El Tribunal Supremo del Reich no intentó encajar artificiosamente este caso en una u otra disposición legal, y fundamentó su sentencia, acertadamente, en un principio jurídico general, extraído de la esencia del contrato bilateral. Dijo el tribunal que 'si la utilización (la única posible como surtidor de gasolina) no resulta posible, por obra de acontecimientos extraordinarios ajenos al arrendatario, el perjuicio causado es de cuenta del arrendador, quien pierde el derecho a la contraprestación si el uso previsto resulta imposible en absoluto, y no sólo para el arrendatario'.*" (LARENZ, Karl. *Base del negocio jurídico y cumplimiento de los contratos*. Madrid: Editora Revista de Derecho Privado, 1956. p. 155-156).

para utilização em minas localizadas na Alemanha Oriental. Sucede que, com o Bloqueio de Berlim, a remessa dos bens à Alemanha Oriental se tornou impossível, razão pela qual o comerciante se recusou a receber os produtos e pagar o preço contratado. Os julgadores decidiram que o contrato havia sido extinto, porém condenaram o comerciante a pagar ao fabricante o preço dos produtos já efetivamente produzidos.

Importante notar a relevância conferida pelo tribunal às peculiaridades do bem em questão. Com efeito, as partes contrataram a fabricação de um modelo específico de furadeiras, o qual era obsoleto na Alemanha Ocidental (local da contratação), que já contava com novas tecnologias e produtos, e que, portanto, só poderia mesmo ser vendido na Alemanha Oriental. Diante desse fato, entendeu-se que o propósito visado pelo comerciante passou a integrar a base do negócio porque ambas as partes tinham pleno conhecimento de que aqueles produtos seriam fabricados especificamente para tal fim, o qual restou frustrado.[197]

---

197. "Embora o tribunal tenha entendido que nem o pedido do réu nem a carta de aceitação do autor declaravam que a validade do pedido dependia da possibilidade de entrega na zona leste, essa entrega se tornara a base da transação, 'já que ambas as partes compartilhavam a suposição de que a entrega das furadeiras na zona leste seria possível em um futuro próximo'. Na opinião do tribunal, era irrelevante se a base da transação tinha desaparecido após a conclusão do contrato, ou se não existia no momento em que o contrato foi celebrado, uma vez que as consequências jurídicas eram, em ambos os casos, a mesma: a transação não era inválida; mas teria que ser adaptada à situação atual, de acordo com os ditames do § 242 BGB. O réu, portanto, teve que pagar pelas furadeiras que já haviam sido produzidas (mesmo que ele não pudesse enviá-las para o leste), mas foi liberado de toda a responsabilidade pelo restante."
Tradução livre de: "*Though the court took the view that neither the defendant's order nor the plaintiff's letter of acceptance stated that the validity of the order depended on the possibility of delivery in the eastern zone, such delivery had nevertheless become the basis of the transaction 'since both parties shared the assumption that delivery of the drills to the east zone would become possible in the foreseeable future.' In the court's view it was immaterial whether the basis of the transaction had disappeared after the conclusion of the contract, or whether it did not exist at the time when the contract was concluded, since the legal consequences were in both cases, the same: the transaction was not invalid; but had to be adapted to the actual situation in accordance with the dictates of § 242 BGB. The defendant thus had to pay for the drills which had already been completed (even though he could not ship them to the East) but was relieved of all liability for the remainder.*" (MARKESINIS, Basil S. et al. *The German Law of Contract*. 2 Ed., Oxford: Hart Publishing, 2006. p. 343-344). Registre-se que a referida decisão foi objeto de críticas, pois há discussão a respeito do momento em que as partes tomaram conhecimento do bloqueio.

Em caso similar, julgado a Espanha, a sociedade Papeleras del Maestrazgo celebrou contrato de compra e venda com Talleres Martín, por meio do qual a primeira adquiriu turbina que pretendia instalar em uma queda d'água, realizando o pagamento da primeira parcela do preço na data do contrato. Dois dias após a celebração da avença e antes da entrega da turbina, a compradora foi notificada pelas autoridades estatais de que a área em que se encontrava a queda d'água seria expropriada, razão pela qual notificou a vendedora de sua falta de interesse superveniente no contrato, pedindo a devolução da parcela paga. Submetida a controvérsia à juízo, Talleres Martín contestou a demanda afirmando que a turbina em questão não tinha especificidades para aquela queda d'água e poderia ser instalada em outros locais onde a autora exercia a mesma atividade econômica. Formulou, ademais, reconvenção, requerendo o pagamento do saldo do preço contratado.

O Tribunal de Zaragoza entendeu que não estavam presentes os requisitos a autorizar a extinção do contrato, julgando improcedente a demanda e procedente o pedido reconvencional. A decisão ressaltou que a autora não precisou que a turbina seria utilizada especificamente na área que havia sido expropriada.[198]

Curioso notar que em ambos os casos, é incontroverso que o fabricante e o vendedor tinham pleno conhecimento de que o produto serviria para a finalidade em questão. A diferença parece residir no fato de que as furadeiras tinham características específicas que faziam com que elas só pudessem ser utilizadas para a referida finalidade, enquanto a turbina era genérica e poderia ser aproveitada em outros empreendimentos.

Como se vê, em alguns casos, a especificidade da própria prestação ou do bem objeto de contratação pode conduzir a essa conclusão. Foi o que ocorreu, por exemplo, no caso do posto de gasolina arrendado antes da proibição da comercialização de combustível na Alemanha. Evidentemente, por sua natureza, o imóvel arrendado apenas poderia ser utilizado para a finalidade de venda de gasolina.

---

198. Para detalhes sobre o caso, confira-se: SANZ, Vicente Espert. *La frustración del fin del contrato*. Madri: Editorial Tecnos, 1968. p. 33-37.

Assim, não obstante o contrato de arrendamento não tenha se tornado ilícito ou impossível, a sua finalidade tornou-se inatingível.

Do mesmo modo, as furadeiras pneumáticas encomendadas pelo comerciante alemão só seriam úteis para venda na Alemanha Oriental, por tratar-se de modelo obsoleto no local da contratação. A porta especificamente encomendada para uma igreja também se tornará inútil caso essa igreja pegue fogo, vez que não poderá ser utilizada em qualquer outro local. Assim, de acordo com Larenz, nas hipóteses em que uma coisa só pode ser utilizada para determinada finalidade e tal consecução se torna impossível, é evidente que o contrato se tornará inútil para as partes e deixará de ter sentido objetivo.[199]

Porém, se pode vislumbrar situações em que, embora a prestação, em tese, possa ser utilizada para outra finalidade, as circunstâncias envolvendo a contratação e os termos das cláusulas contratuais conduzam à conclusão de que, naquele caso concreto, o conteúdo do contrato foi definido de modo a se dirigir a uma função específica. Como se viu, o local do imóvel, o preço elevado do aluguel, suas datas e período peculiar (dias e não noites) foram elementos considerados pelos juízes ingleses para identificar que a finalidade do contrato de locação em *Krell v. Henry* era permitir que o locatário assistisse o cortejo de coroação, embora, a rigor, o apartamento pudesse ser utilizado para outros fins.

---

[199] "Isso acontece quando uma coisa é produzida para uma determinada finalidade e é evidente que ela só pode ser usada para essa finalidade, de modo que, se a sua utilização não for possível, a fabricação da coisa não é apenas inútil para o contratante, mas objetivamente não tem sentido. Assim, por exemplo, a porta encomendada para a igreja não pode ser instalada em nenhum outro edifício; o fabricante sabe desde o início que a porta é destinada precisamente à igreja e que tem de ser fabricada de tal forma que cumpra este propósito. A instalação da porta na igreja é, neste caso, a finalidade objetiva do contrato."

Tradução livre de: "*Esto ocurre cuando una cosa debe confeccionarse para una determinada finalidad y es evidente que sólo puede utilizarse para esta finalidad, de tal forma que si su consecución no es posible, la fabricación de la cosa no sólo es inútil para el comitente, sino que objetivamente no tiene sentido. Así, por ejemplo, la puerta encargada para la iglesia no puede instalarse en otro edificio cualquiera; el fabricante sabe desde un principio que la puerta está destinada precisamente a la iglesia y que ha de fabricarse de modo que cumpla esta finalidad. La instalación de la puerta en la iglesia es, en este caso, la finalidad objetiva del contrato.*" (LARENZ, Karl. *Base del negocio jurídico y cumplimiento de los contratos*. Madrid: Editora Revista de Derecho Privado, 1956. p. 168).

O mesmo sucede no exemplo hipotético de aluguel de apartamento na praia de Copacabana na noite do dia 31 de dezembro até a manhã do dia 1º de janeiro, por preço extremamente superior ao praticado no resto do ano. Mesmo que o contrato seja silente nesse ponto e que, em tese, o espaço possa ser utilizado de outra forma, o local do imóvel, a data e o preço do aluguel permitem concluir que ambas as partes levaram em conta a ocorrência da festa de réveillon ao determinar o conteúdo do contrato.

Em sentido contrário, os tribunais não autorizaram a rescisão dos contratos nos casos do aluguel do barco que poderia ser utilizado para qualquer passeio ou da turbina que poderia ser empregada em outros empreendimentos, na medida em que não havia elementos objetivos que conduzissem à conclusão de que a finalidade visada por uma das partes – ainda que conhecida pela contraparte – tenha sido levada em conta pelos contratantes ao determinar o conteúdo do contrato.

Assim, ao investigar se o fim do contrato foi levado em conta pelas partes ao determinar o conteúdo contratual, o interprete deverá analisar os indícios presentes no caso concreto, como (i) as circunstâncias que conduziram à contratação; (ii) as tratativas havidas entre as partes; (iii) as peculiaridades ou especificidades da prestação; (iv) o preço; (v) o prazo ou período de contratação; e (vi) as demais condições contratadas.

Todavia, também é possível que o contrato em si preveja expressamente a sua finalidade, mas não discipline as consequências da impossibilidade de alcança-la. Foi o que ocorreu em caso julgado pelo Supremo Tribunal Espanhol em 1948.

As Senhoras Más e o Senhor Carsí eram vizinhos, proprietários de terrenos contíguos, em área pouco urbanizada. À época, estava sendo construída uma importante via, a Rua da Indústria, que passaria na frente do terreno do Senhor Carsí. Diante disso e com a finalidade de possibilitar que o terreno das Senhoras Más tivesse acesso à Rua da Industria, em 1919, as partes celebraram contrato por meio do qual o Senhor Carsí se obrigava a vender determinadas áreas de sua propriedade às Senhoras Más, por preço fixo, sempre que a Rua da Indústria alcançasse aquelas alturas, dentro do prazo de 15 (quinze) anos. Confira-se trecho da cláusula em questão:

Transcorridos quinze anos a contar da data do presente contrato, ou antes deste prazo, sempre que se abra a Rua da Industria naquele ponto, Don Juan Carsí, por si e pelos seus, se compromete e se obriga a vender, livre de ônus, às senhoras Más Martín ou aos seus, a saber: (determinação física do terreno). O preço das vendas será à razão de 75 centavos de pesetas por palmo quadrado.[200]

O preâmbulo do contrato previa expressamente que a contratação era realizada "a fim de que os terrenos que as senhoras Más possuem em sua fazenda Mansó Ballesca com fachada na Rua de Ganduxer possam também ter fachada com a Rua da Indústria no dia em que esta se abra naquela altura".[201]

Anos depois, quando a Rua da Indústria chegou na altura contratada, as Senhoras Más exigiram o cumprimento do contrato. Sucede que, nesse momento, elas já haviam alienado a terceiros a fazenda Mansó Ballesca. Em razão disso, o Senhor Carsí se recusou a consumar a venda, sob o fundamento de que o contrato não serviria mais à sua finalidade, qual seja, a de permitir que o terreno da fazenda Mansó Ballesca tivesse fachada também com a Rua da Indústria.

As Senhoras Más ajuizaram ação para exigir o cumprimento do contrato e a matéria foi levada ao Supremo Tribunal da Espanha. Os julgadores entenderam que o preâmbulo acima transcrito revela o fim do contrato, o qual é determinante do alcance e sentido do pacto, na medida em que a avença foi firmada com o objetivo de que se atingisse a mencionada finalidade.[202] De acordo com a decisão,

---

200. Tradução livre de: "*Transcurridos quince años a contar de la fecha del presente convenio, o antes de este plazo, siempre que se abra la calle de la Industria en aquel punto, Don Juan Carsí, por sí y por los suyos, se compromete e se obliga a vender, libre de cargas, a las señoras Más Martín, o los suyos, a saber: (se hace la determinación física de las fincas). El precio de las ventas será a razón de 75 céntimos de peseta el palmo cuadrado.*" (SANZ, Vicente Espert. *La frustración del fin del contrato*. Madri: Editorial Tecnos, 1968. p. 23).
201. Tradução livre de: "*a fin de que los terrenos que las señoras Más poseen de su finca Mansó Ballesca con fachada en la calle de Ganduxer puedan tener también fachada en la calle de la Industria el día que ésta se abra en aquel trozo*". (SANZ, Vicente Espert. *La frustración del fin del contrato*. Madri: Editorial Tecnos, 1968. p. 23).
202. "Considerando que no cabeçalho do referido documento contratual se diz expressamente: 'A fim de que os terrenos que as senhoras Más possuem de sua fazenda Mansó Ballesca com fachada na rua de Ganduxer possa ter também fachada na Rua da Indústria no dia em que esta se abra naquela altura, pactuam e concordam', palavras que relevam um nexo indiscutível entre os pactos, que se seguem e a finalidade que tais pactos possuem, finalidade que não é meramente propósito, vantagem ou desejo que cada parte se propõe a conseguir mediante o contrato, segundo seus cálculos ou preferências pessoais, que podem ou não ser alcançados em virtude de circunstâncias

2 • REQUISITOS PARA APLICAÇÃO DA FRUSTRAÇÃO DO FIM DO CONTRATO

"não há dúvida de que o que ele [o contrato] protege é o interesse das proprietárias dos terrenos com fachada para a Rua de Ganduxer em adquirir parcelas que possam ter fachada para a Rua da Indústria".[203]

Assim, concluiu-se que não era mais possível obter o fim perseguido pelas partes com a contratação, sendo certo que o que as autoras pretendiam com a demanda era coisa diversa, isto é, adquirir um terreno separado, sem qualquer relação com o anterior, pelo preço fixo previsto no contrato. Em vista da frustração do fim do contrato, foram julgados improcedentes os pedidos formulados pelas Senhoras Más.

Embora o contrato em questão previsse expressamente a sua finalidade, o que sem dúvida facilitou o exercício interpretativo, vale registrar que haviam indícios que também conduziam a essa conclusão, na medida em que os contraentes eram vizinhos e as partes do terreno objeto do contrato eram justamente aquelas que permitiriam que o imóvel de propriedade das Senhoras Más tivesse acesso à Rua da Indústria.

Também é interessante notar que, nesse caso, a frustração do fim do contrato foi invocada pelo devedor, não obstante a finalidade da

---

alheias ao ato contratual, mas que se expressa como fim do próprio contrato, sem, portanto, poder ser separado dele vez que é revelação da vontade comum dos contratantes, determinante do alcance e sentido dos pactos que precisamente se estabeleceram para cumprir essa manifestada finalidade, pelo que não pode esta ser descrita como fim remoto, no sentido que o Tribunal *a quo* dá a essas palavras."

Tradução livre de: "*Considerando que el encabezamiento del repetido documento contractual se dice textualmente: 'Y a fin de que los terrenos que las señoras Más poseen de su finca Mansó Ballesca con fachada en la calle de Ganduxer puedan tener también fachada en la calle de la Industria el día que ésta se abra en aquel trozo pactan y convienen', palabras que revelan un nexo indiscutible entre los pactos que a continuación siguen y la finalidad que tales pactos tienen, finalidad que no es meramente propósito, ventaja o deseo que cada parte se proponga conseguir mediante el contrato, según sus cálculos o preferencias personales, que pueden lograr o no en virtud de circunstancias ajenas al acto contractual, sino que se expresa como fin del contrato mismo, sin que, por tanto, pueda separarse de él en cuanto es revelación de la voluntad común de los contratantes, determinante del alcance y sentido de los pactos que precisamente se haya establecido para cumplir esa manifestada finalidad, por lo que no puede ésta calificarse de fin remoto, en el sentido que da a tales palabras el Tribunal a quo.*" (SANZ, Vicente Espert. *La frustración del fin del contrato*. Madri: Editorial Tecnos, 1968. p. 27).

203. Tradução livre de: Es indudable que lo que aquél [el contrato] protege es el interés de las dueñas de los terrenos con fachada a la calle de Ganduxer en adquirir parcelas que pueden tener en su día fachada a la calle de la Industria." (SANZ, Vicente Espert. *La frustración del fin del contrato*. Madri: Editorial Tecnos, 1968. p. 23).

contratação atendesse aos interesses das credoras. Isso demonstra que o instituto não serve apenas para proteger os interesses do credor, mas para resguardar a função a que se dirige a execução do objeto do contrato.

Do estudo dos casos acima, verifica-se que o intérprete deve se fiar nos termos do próprio contrato e nos elementos do caso concreto para identificar a finalidade objetiva do contrato e constatar se, diante de evento superveniente, esta se tornou inalcançável, caracterizando, desse modo, a frustração do fim do contrato.

2.4 POSSIBILIDADE DE EXECUÇÃO DAS PRESTAÇÕES

Para que o instituto objeto de estudo seja aplicável, não basta a ocorrência de evento que frustre o fim do contrato. Há certos requisitos ou pressupostos 'negativos' que devem se fazer presentes para que se possa invoca-lo. Segundo a doutrina, um desses requisitos é que, embora o fim do contrato não seja mais atingível, a prestação permaneça possível.[204]

Como já se teve a oportunidade de dizer no item 1.3.2.1, a principal distinção entre a frustração do fim do contrato e a impossibilidade superveniente da prestação está justamente na possibilidade ou não do ato de prestar. De fato, a realização da prestação é entendida como "a execução do ato devido".[205] Logo, a impossibilidade superveniente "alcança as prestações pactuadas, sucessiva ou contemporaneamente".[206]

---

[204] "Já distinguimos a frustração do fim do contrato da impossibilidade de cumprimento, afirmando que, embora, à primeira vista, possam ser consideradas semelhantes, possuem uma divergência essencial: na primeira, desaparece o interesse do credor na prestação, privando-a de sentido; na segunda, por outro lado, a prestação em si se torna irrealizável."
Tradução livre de: "*Ya hemos distinguido a la frustración del fin del contrato de la imposibilidad de cumplimiento, afirmando que aunque pueda prima facie estimárselas similares, poseen una divergencia esencial: en la primera desaparece el interés del acreedor en la prestación privándola de sentido; en la segunda, en cambio, la prestación misma deviene irrealizable.*" (FREYTES, Alejandro E. *La frustración del fin del contrato*. 2 Ed., Bogotá: Grupo Editorial Ibáñez, 2016. p. 261).

[205] Tradução livre de: "*exécution de l'acte dû*" (GHESTIN, Jacques; LOISEAU, Grégoire; SERINET, Yves-Marie. *Traité de droit civil:* les obligations, la formation du contrat, tome 2: l'objet et la cause; les nullités. 4 Ed. Paris: LGDJ, 2013. p. 38).

[206] TEPEDINO, Gustavo; BARBOZA, Heloisa Helena; MORAES, Maria Celina Bodin de. *Código Civil interpretado conforme a Constituição da República*, v. I. 3 Ed. Rio de Janeiro: Renovar, 2014, p. 538.

A frustração do fim do contrato atua em plano diverso, tutelando a finalidade visada pelas partes ao celebrar o contrato, ou seja, o fim a que se dirige a execução das prestações pactuadas. Para que ela seja aplicável, impõe-se que as prestações contratadas ainda sejam possíveis, pois, caso contrário, se estará diante de hipótese de impossibilidade superveniente da prestação, não havendo razão para que se aplique a doutrina ora objeto de estudo.

Atualmente, entende-se a relação obrigacional não mais como um fenômeno estático, mas como processo, isto é, como uma sequência dinâmica de atos orientados a determinado fim.[207] Nessa esteira, "a funcionalização da relação obrigacional permite concebê-la não mais como um fim em si mesmo, e sim como instrumento de cooperação social dirigido à satisfação do interesse das partes, sobretudo do credor".[208]

A partir de uma noção funcionalizada da relação obrigacional, alarga-se o seu objeto e se passa a conceber o adimplemento como o cumprimento não só da prestação principal, mas também de "todos os comportamentos acessórios necessários à efetiva realização dos interesses do credor".[209] Logo, atualmente, entende-se por objeto do contrato "não apenas o somatório das prestações principais e acessórias, mas todo o complexo conjunto de direitos, faculdades, obrigações, ônus e outras situações jurídicas derivadas do contrato".[210]

É preciso que fique claro, porém, que o objeto – ainda que alargado – não se confunde com a finalidade do contrato, mas se destina a realiza-la. Para tornar a afirmação mais clara, pense-se em alguns casos concretos.

Voltando aos *coronation cases*, o objeto do contrato era o aluguel do apartamento naquela data (e respectivas obrigações acessórias), enquanto a sua finalidade era permitir que o locatário assistisse a cortejo de coroação.

---

207. Sobre o tema, confira-se: COUTO E SILVA, Clóvis. *A obrigação como processo*. Rio de Janeiro: FGV, 2006.
208. TERRA, Aline de Miranda Valverde. A questionável utilidade da violação positiva do contrato no direito brasileiro. In: *Revista de Direito do Consumidor*, v. 101/2015. p. 181.
209. TERRA, Aline de Miranda Valverde. *Inadimplemento anterior ao termo*. Rio de Janeiro: Renovar, 2009. p. 84.
210. SCHREIBER, Anderson. *Equilíbrio contratual e dever de renegociar*. São Paulo: Saraiva Educação, 2018. p. 54.

Em outro exemplo, Larenz menciona o arrendamento do muro de uma casa por empresa especializada, com a finalidade de instalar um anúncio luminoso de propaganda no espaço. Todavia, em razão da imposição de medidas de escurecimento da cidade durante a guerra para evitar bombardeios, os anúncios luminosos não puderam ser ligados. De acordo com o autor, trata-se de impossibilidade de alcançar o fim do contrato, na medida em que as prestações contratadas – arrendamento da parede e o pagamento do preço em contraprestação – continuam sendo plenamente possíveis.[211]

Em caso semelhante julgado nos Estados Unidos, o proprietário de um restaurante contratou empresa especializada para instalar e manter um anúncio luminoso em seu muro, o qual, igualmente, não pôde ser utilizado em razão de restrições em tempo de guerra.[212] Apesar das circunstâncias serem semelhantes, esse caso parece ser de impossibilidade superveniente da prestação, e não de frustração do fim do contrato. Isso porque, no primeiro, o objeto do contrato

---

211. "Podemos fechar esta série de casos de arrendamento de uso e de uso e gozo com um da última guerra. A parede de uma casa foi dada em arrendamento para instalar um anúncio luminoso, mas isso não foi possível por causa das medidas tomadas para escurecer a cidade. Na minha opinião, tampouco neste caso era impossível a prestação do arrendador, já que ele poderia colocar a parede à disposição do arrendatário para seu uso, mas a parede de nada servia se ele não podia utilizá-la. Isso também não pode ser considerado como um 'vício', como falta de aptidão da parede em questão para o propósito pretendido. Não se pode duvidar, então, que a possibilidade de instalar um anúncio luminoso era a base objetiva do contrato, e seu desaparecimento fez com que este perdesse seu significado. Estamos diante de uma impossibilidade de chegar ao fim, que deve ser julgado por analogia com os §§ 537 e 542 do Código Civil (20 a)"

    Tradução livre de: *"Podemos cerrar esta serie de casos de arrendamiento de uso y de uso y disfrute con uno de la última guerra. Se dió em arrendamiento la pared de una casa para instalar un anuncio luminoso, pero esto no fué posible por haberse tomado medidas de oscurecimiento de la ciudad. A mi modo de ver, tampoco em este caso era imposible la prestación del arrendador, ya que éste podía poner la pared a disposición del arrendatario para su utilización, pero la pared de nada le servía si no podía utilizarla. Esto no puedo tampoco considerarse como un 'vicio', como falta de aptitud de la pared em cuestión para el fin previsto. No puede dudarse, pues, que la posibilidad de instalar un anuncio luminoso era la base objetiva del contrato, con cuya desaparición éste ha perdido su sentido. Nos encontramos ante una imposibilidad de alcanzar el fin, que ha de juzgarse por analogía con los §§ 537 y 542 del Código civil (20 a)."* (LARENZ, Karl. *Base del negocio jurídico y cumplimiento de los contratos*. Madrid: Editora Revista de Derecho Privado, 1956. p. 156).

212. ESTADOS UNIDOS. 20th Century Lites, Inc. v. Goodman, 64 Cal. App. 2d 938 (Cal. Ct. App. 1944). Disponível em: <https://casetext.com/case/20th-century-lites-inc-v--goodman>. Acesso em 14 dez. 2018.

é o arrendamento do muro, enquanto no segundo é a prestação de serviços de instalação e manutenção do anúncio em si.

Esclareça-se, ademais, que parece ser possível que as partes, por meio do exercício de sua autonomia privada, façam com que a finalidade passe a integrar o objeto do contrato, transformando-a em obrigação contratual, o que levará à inaplicabilidade da teoria da frustração do fim do contrato.

Para auxiliar nessa análise, volta-se aos *liquor cases*. Em 1920, foi proibida a comercialização de bebidas alcóolicas nos Estados Unidos. Essa alteração legislativa afetou sobremaneira as lojas de bebidas e, diante disso, locatários de espaços utilizados para o referido fim buscaram a rescisão de contratos de locação. Houve, todavia, casos, como *Industrial Development and Land Co v. Goldschmidt*, em que o contrato não só identificava o uso a que se destinava o imóvel como previa expressamente que o locatário só poderia utilizar o espaço para o referido fim – venda de bebidas alcóolicas. O tribunal entendeu que quando o contrato de locação restringe a atividade que pode ser realizada no local e tal atividade se torna ilícita, o contrato deverá ser considerado ineficaz.[213]

Parece que, ao assim dispor, as partes incluíram a finalidade no objeto do contrato, criando para o locatário a obrigação de que o imóvel fosse utilizado apenas para aquele fim. Descumprida a referida obrigação (utilizando-se o imóvel para fim não autorizado), não há dúvida de que haveria inadimplemento. Do mesmo modo, tornando-se a obrigação (utilização do imóvel para comércio de bebidas alcóolicas) impossível, haverá impossibilidade superveniente da prestação, e não frustração do fim do contrato.

Situação diversa é aquela em que as partes simplesmente incluem de forma expressa no contrato a previsão de qual é a finalidade daquele negócio – por exemplo, na forma de considerando ou espécie de *obter dictum* –, sem criar deveres ou obrigações nesse sentido.

Caso, por exemplo, o contrato apenas previsse que o imóvel alugado seria utilizado para fins de comercialização de bebidas alcóo-

---

213. ESTADOS UNIDOS. Industrial D. L. Co. v. Goldschmidt, 56 Cal. App. 507 (Cal. Ct. App. 1922). Disponível em: <https://casetext.com/case/industrial-d-l-co-v-goldschmidt>. Acesso em: 05 dez. 2018.

licas, sem, no entanto, impor tal uso de forma exclusiva, é possível que as partes tivessem apenas identificado o fim do contrato, mas não o inserido no objeto contratual. Nessa hipótese caberia investigar, diante dos indícios presentes no caso concreto, se esse fim – identificado no contrato – foi levado em conta pelas partes ao determinar o conteúdo do contrato e se tornou inalcançável diante da alteração legislativa superveniente.

Outro exemplo interessante ocorreu na Espanha e foi julgado por seu Supremo Tribunal. Em 1915, Rufo Luelmo García vendeu alguns terrenos à Sociedade Fomento de la Propriedad, por preço bastante inferior ao de mercado, fazendo prever expressamente nos instrumentos contratuais que a venda era realizada para que a compradora construísse nos locais as chamadas Casas Baratas (casas populares, construídas como parte de projeto habitacional, entre o final do Século XIX e o início do Século XX). As casas não foram construídas e, muitos anos depois, a sociedade decidiu vender alguns destes terrenos, razão pela qual os herdeiros de Luelmo García ajuizaram demanda alegando a ocorrência de frustração do fim do contrato.[214] A controvérsia foi resolvida com base na ocorrência de prescrição da pretensão (e também poderia tê-lo sido com base no fato de que a execução contratual não mais se encontrava em curso). No entanto, o caso é digno de nota, na medida em que é discutível se os contratantes apenas fizeram constar de forma expressa a finalidade do contrato ou se, de fato, criaram uma obrigação para o comprador.

Conclui-se, assim, que, nessas hipóteses limítrofes, deve-se analisar, à luz do caso concreto, se as partes, por meio do exercício de sua autonomia privada, incluíram a finalidade no objeto do contrato ou se meramente a previram na avença contratual, como espécie de *obter dictum* ou considerando, sem criar deveres ou obrigações para que se atingisse a referida finalidade.

---

214. SANZ, Vicente Espert. *La frustración del fin del contrato*. Madri: Editorial Tecnos, 1968. p. 28-30.

2.5 EVENTO ALHEIO AO COMPORTAMENTO DA PARTE QUE INVOCA A FRUSTRAÇÃO DO FIM DO CONTRATO E NÃO IMPUTÁVEL À SUA MORA

Entende-se, de forma majoritária, que o evento que conduz à frustração do fim do contrato deve ser alheio à atuação das partes. A título exemplificativo, essa já era a posição predominante na Argentina bem antes da entrada em vigor de seu novo Código Civil, que positivou o instituto. Na XIII Jornada Nacional de Direito Civil da Argentina, foi aprovado enunciado no sentido de que a frustração do fim do contrato deve ser causada por circunstância "alheia à vontade das partes".[215] Também a Corte de Cassação italiana consolidou o requisito de que o evento seja independente da atividade e vontade das partes.[216] No Brasil, o requisito é mencionado por Rodrigo Cogo[217] e Marco Aurélio Bezerra de Melo.[218]

Não obstante, em linha com o entendimento de Larenz,[219] Espert Sanz faz observação digna de nota: é admissível que a frustração do fim do contrato seja invocada por uma das partes quando

---

215. Tradução livre de: "*ajeno a la voluntad de las partes; que no haya sido provocado por ninguna de ellas (...)*" (*XIII Jornadas Nacionales de Derecho Civil, Buenos Aires, Comisión n° 3, Contratos: Frustración del fin del contrato, II.b*).
216. ITÁLIA, Corte Suprema di Cassazione, Unite Civile, Sentenza n. 9909, Rel. D'Ascola Pasquale, j. 20.04.2018; ITÁLIA, Corte Suprema di Cassazione, Seconda Civile, Sentenza n. 31629, Rel. Picaroni Elisa, j. 06.12.2018.
217. "Observamos nos exemplos expostos até aqui que o evento que acarreta a frustração do fim do contrato é sempre inesperado, fora do controle das partes. (...) Percorrendo a escassa doutrina sobre o tema, observamos certo consenso no sentido de que o evento gerador da frustração deve apresentar as seguintes características: (...) c) ser alheio à vontade do contratante, ou seja, não ter sido causado culposamente ou em decorrência de sua mora;" (COGO, Rodrigo Barreto. *A frustração do fim do contrato*. Rio de Janeiro: Renovar, 2012. p. 242).
218. "Fato alheio à vontade dos contratantes pode ensejar à frustração do fim a que visavam atingir com a contratação, possibilitando ao contratante frustrado o pedido resolutório ou, se isso for possível e conveniente, a revisão do contrato. A causa do contrato, a sua base funcional, objetivamente considerada, é atingida por uma circunstância futura e imprevisível, levando a que a contratação perca completamente a sua razão de existir." (MELO, Marco Aurélio Bezerra de. *Curso de direito civil*, v. III, direito dos contratos, tomo I. São Paulo: Atlas, 2015. p. 382-383).
219. LARENZ, Karl. *Base del negocio jurídico y cumplimiento de los contratos*. Madrid: Editora Revista de Derecho Privado, 1956. p. 170.

a contraparte tiver ocasionando o evento que tornou impossível o atingimento da finalidade contratual.[220]

Lembre-se do caso das Senhoras Más, descrito no item 2.3 acima. O fim do contrato de opção de compra de terreno era possibilitar que as Senhoras Más, proprietárias de área contigua, tivessem acesso à Rua da Industria quando esta fosse aberta em determinadas alturas do terreno do Senhor Carsí. A referida finalidade se tornou impossível justamente porque as Senhoras Más alienaram seus terrenos, de modo que, ainda que a venda dos terrenos do Senhor Carsí fosse plenamente possível, a finalidade do contrato não poderia mais ser atingida. Embora a finalidade do contrato originalmente atendesse o interesse das credoras, a frustração do fim do contrato foi invocada pelo devedor, para não se ver obrigado a vender o terreno, por preço abaixo do mercado, quando não era mais possível atingir a referida finalidade.

Como se vê, nesse caso, a finalidade visada pelas partes não pôde mais ser alcançada em razão do comportamento de uma das partes. Tal circunstância não parece servir de justificativa para que se deixe de tutelar o interesse da contraparte na extinção do vínculo contratual, em vista da superveniente impossibilidade de alcançar o fim do contrato causada pela contraparte.

Além disso, leciona Larenz que o instituto não poderá ser invocado por contratante cuja mora tenha ocasionado a frustração do fim do contrato, uma vez que essa circunstância – a mora do contratante – não pode gerar prejuízos para a sua contraparte.[221] O autor

---

220. SANZ, Vicente Espert. *La frustración del fin del contrato*. Madri: Editorial Tecnos, 1968. p. 206.
221. "Tampouco pode ser levado em conta quando a frustração da finalidade ou a destruição da relação de equivalência ocorreu apenas porque a parte afetada estava em mora *solvendi* ou *accipiendi*, uma vez que dessa circunstância nenhum dano pode derivar para a outra parte. Esse é o caso quando, por exemplo, a execução da obra contratada é adiada porque o comitente não faz o adiantamento acordado, ou não disponibiliza os locais no tempo pactuado, e a finalidade do contrato resulta impossível pela destruição do substrato da prestação ou de outro modo, quando já havia algum tempo que o fim do contrato já deveria ter sido realizado."

Tradução livre de: "*Tampoco puede tenerse en cuenta cuando la frustración de la finalidad o la destrucción de la relación de equivalencia tuvo lugar únicamente porque la parte afectada se encontraba en mora solvendi o accipiendi, ya que de esta circunstancia no puede derivarse perjuicio alguno para la otra parte. Tal es el caso cuando, por ejemplo, la ejecución de la obra convenida se retarda porque el comitente no hace el anticipo con-*

dá o exemplo da obra que cuja entrega é postergada por culpa do dono do terreno, que não o libera a tempo, e em momento posterior, a finalidade do negócio se torna inalcançável.

No Brasil, defende-se a aplicação analógica dos artigos 395[222] e 399[223] do Código Civil às hipóteses de frustração do fim do contrato, de modo que o contratante em mora "não poderá se beneficiar da doutrina da frustração, a menos que prove que não teve culpa (e aí não haveria mora) ou que a finalidade se perderia ainda que não estivesse em mora".[224]

Não obstante, é de se questionar se a atuação culposa de uma das partes deve mesmo constituir óbice à aplicação da doutrina da frustração do fim do contrato. Ora, se a finalidade tutelada pelo instituto é comum às partes e se a impossibilidade de a atingir conduz à ineficácia do negócio – conforme se verá em maior detalhe no capítulo 3 – parece ser possível cogitar da ocorrência de frustração mesmo nesses casos. Afinal, independentemente da causa do evento que conduz à frustração, fato é que, ocorrendo tal evento não será mais possível atingir o fim do contrato, o que tornará a manutenção do vínculo desprovida de sentido.

No entanto, caso se admita essa hipótese, sendo a frustração causada por atuação culposa de uma das partes, os efeitos da impossibilidade de se alcançar o fim do contrato serão diversos, imputando-se à parte culpada o dever de indenizar a contraparte pelos danos causados, conforme mencionado no capítulo 3.

---

venido, o no facilita los locales en el tiempo pactado, y la finalidad del contrato resulta imposible sea por destrucción del substrato de la prestación o de otro modo, cuando ya hacía tempo que debía haberse realizado el fin del contrato." (LARENZ, Karl. *Base del negocio jurídico y cumplimiento de los contratos*. Madrid: Editora Revista de Derecho Privado, 1956. p. 169).

222. "Art. 395. Responde o devedor pelos prejuízos a que sua mora der causa, mais juros, atualização dos valores monetários segundo índices oficiais regularmente estabelecidos, e honorários de advogado."

223. "Art. 399. O devedor em mora responde pela impossibilidade da prestação, embora essa impossibilidade resulte de caso fortuito ou de força maior, se estes ocorrerem durante o atraso; salvo se provar isenção de culpa, ou que o dano sobreviria ainda quando a obrigação fosse oportunamente desempenhada."

224. COGO, Rodrigo Barreto. *A frustração do fim do contrato*. Rio de Janeiro: Renovar, 2012. p. 249.

2.6 RISCO NÃO IMPUTADO CONTRATUALMENTE A UMA DAS PARTES

Por fim, controverte-se na doutrina a respeito da exigência de que, para que o instituto da frustração do fim do contrato seja aplicável, o evento que impeça a satisfação da finalidade contratual seja extraordinário e imprevisível. Enquanto a maior parte da doutrina sustenta a sua imprescindibilidade, alguns autores afirmam a sua irrelevância, defendendo que basta que o risco de ocorrência do evento não tenha sido assumido por um dos contratantes.

De acordo com Larenz, "é preciso que o acontecimento no qual a impossibilidade se baseia seja para o interessado um caso de força maior que escape por completo de sua área de influência e não possa ser por ele evitado, nem pertença ao risco próprio de suas atividades".[225]

Ao positivar a perturbação da base do negócio, o legislador alemão incluiu no § 313 do BGB o requisito de que "as circunstâncias que serviram de base para o negócio se alterem de forma significativa após a celebração do contrato" e "as partes não teriam contratado ou teriam contratado de forma diversa se pudessem prever tal alteração".[226]

Também nessa linha, o artigo 1.090 do Código Civil argentino exige que a circunstância que deu causa à frustração do fim do contrato seja "uma alteração de caráter extraordinário nas circunstâncias existentes ao tempo da contratação, alheia às partes e que supera o risco assumido pela parte afetada".[227] Ao comentar o referido disposi-

---

225. Tradução livre de: "*es preciso que el acontecimiento en que la imposibilidad se base sea para el interesado un caso de fuerza mayor que escape por completo a su esfera de influencia, y no pueda ser evitado por él ni pertenezca al riesgo proprio de sus actividades.*" (LARENZ, Karl. *Base del negocio jurídico y cumplimiento de los contratos*. Madrid: Editora Revista de Derecho Privado, 1956. p. 158).
226. Tradução livre de: "*circumstances which became the basis of a contract have significantly changed since the contract was entered into*" e "*if the parties would not have entered into the contract or would have entered into it with different contents if they had foreseen this change*" (Disponível em: <http://www.fd.ulisboa.pt/wp-content/uploads/2014/12/Codigo-Civil-Alemao-BGB-German-Civil-Code-BGB-english-version.pdf>. Acesso em: 10 out. 2018).
227. Tradução livre de: "*en una alteración de carácter extraordinario de las circunstancias existentes al tiempo de su celebración, ajena a las partes y que supera el riesgo asumido por la que es afectada (...)*".

tivo e tendo em vista a dificuldade na distinção entre os conceitos de extraordinário e imprevisível, Aparicio afirma que "o mais apropriado para qualificar a alteração é afirmar que ela deve ter escapado à possibilidade de ser prevista pelas partes, no momento da celebração do contrato".²²⁸ Já Stiglitz esclarece que "a alteração das circunstâncias sobreveniente deve ser anormal, aquela que razoavelmente não era de se esperar por ambas as partes".²²⁹

Não é novidade, porém, que o conceito de evento imprevisível e extraordinário gera intermináveis debates, inclusive no ordenamento pátrio.²³⁰

A dificuldade já surge no momento de definir se se tratam ou não de sinônimos. Alguns afirmam que a imprevisibilidade se caracteriza por um juízo subjetivo e relativo, enquanto a extraordinariedade depende de juízo objetivo.²³¹ Já outros sustentam que "não basta que o acontecimento seja extraordinário, porque, se suscetível de previsão, descabe a rescisão. Não basta que seja imprevisível, porque, sendo normal, pouco importa que as partes não o tenham previsto".²³²

Há também quem critique a redação do art. 478 do Código Civil por chancelar uma redundância inadmissível, na medida em que 'imprevisível' e 'extraordinário' significariam exatamente a mesma coisa. Para Borges, "se acontecimento imprevisível significa não-previsível, não ordinário, incomum, extraordinário, não há como fugir à evidência gritante de que extraordinário quer dizer não-ordinário, não-previsível, incomum – portanto, imprevisível".²³³

---

228. Tradução livre de: "*lo más apropiado para calificar la alteración es expresa que ella debe haber escapado a la posibilidad de ser prevista por las partes, en el momento de celebración del contrato.*" (APARICIO, Juan Manuel. *La frustración del fin del contrato*. In: *Revista de Derecho Privado y comunitário*, 2014.1. Rubinzal-Culzoni Editores. p. 185).
229. Tradução livre de: "*la alteración de las circunstancias sobrevinientes ha de ser anormal, la que razonablemente no era de esperarse por ambas partes*" (STIGLITZ, Rubén. *Objeto, causa y frustración del contrato*. Buenos Aires: Depalma, 1992. p. 25).
230. No Brasil, a discussão gira em torno, especialmente, da redação do art. 478 do Código Civil e dos requisitos da onerosidade excessiva.
231. FRANTZ, Laura Coradini. *Revisão dos contratos*: elementos para sua construção dogmática. São Paulo: Saraiva, 2007. p. 77.
232. GOMES, Orlando. *Contratos*. 12 Ed., Rio de Janeiro: Forense, 1990. p. 200.
233. BORGES, Nelson. *A teoria da imprevisão no direito civil e no processo civil* (com referências ao Código Civil de 1916 e ao novo Código Civil). São Paulo: Malheiros, 2002. p. 675.

Outro ponto de discussão gira em torno de se a imprevisibilidade deve ser abstrata ou concreta – isto é, se o evento não poderia ser previsto por nenhuma pessoa ou se não poderia ser previsto pelas partes contratantes – ou, ainda, se seria suficiente a mera improbabilidade de previsão daquele evento aos olhos de um homem médio.

Segundo Roppo, impõe-se que as circunstâncias não pudessem razoavelmente ter sido previstas pelas partes no momento da contratação. Isso porque, "não há razão para tutelar o contraente que nem sequer usou da normal prudência necessária para representar-se a possibilidade da sua ocorrência e regular-se de acordo com as mesmas na determinação do conteúdo contratual."[234]

Indaga-se, porém, que circunstâncias são razoavelmente previsíveis?

É evidente que, no dia-a-dia das contratações, as partes, ao celebrar um contrato, não exaurem os limites de sua cognição, prevendo todos os acontecimentos futuros que poderão afetar a avença. De fato, "se as partes tivessem tempo infinito e não tivessem que arcar com custos, elas poderiam revistar suas mentes e identificar todas as assunções tácitas dividas entre elas e transforma-las em assunções expressas. Porém, as partes não têm tempo infinito e têm custos."[235]

A questão se mostra dramática à luz de casos concretos. Pense-se, por exemplo, nas inúmeras ações em curso perante o Poder Judiciário em que se discute se uma crise econômica é evento imprevisível e extraordinário. As soluções encontradas são diversas. Como anota Schreiber, "para alguns magistrados, uma crise econômica, por ser um desvio da normalidade esperada na economia, configura sempre um acontecimento extraordinário; para outros, trata-se de acontecimento ordinário, porque frequente nos tempos atuais".[236] Há, ainda, quem se fie no fato de que economistas e entes especializados efetivamente previram o fenômeno, enquanto outros alegam que as

---
234. ROPPO, Enzo. *O Contrato*. Coimbra: Almedina, 1977. p. 261-262.
235. Tradução livre de: "*if actors had infinite time and would bear no costs, they could ransack their minds to identify all of the shared tacit assumptions on which their contract is based and make each assumption explicit. But actors do not have infinite time and they do have costs.*" (EISENBERG, Melvin A. *Impossibility, impracticability and frustration*. In: *Journal of legal analysis*, v. 1, No. 1, 2009. p. 212).
236. SCHREIBER, Anderson. *Equilíbrio contratual e dever de renegociar*. São Paulo: Saraiva Educação, 2018. p. 197.

2 • REQUISITOS PARA APLICAÇÃO DA FRUSTRAÇÃO DO FIM DO CONTRATO

partes envolvidas, em razão de sua falta de conhecimento técnico, não poderiam tê-lo feito.

Outro exemplo recente é a impressionante queda no preço das ações da Petrobrás após os escândalos de corrupção envolvendo a estatal virem a público. Pode-se argumentar que a flutuação no valor de mercado de empresas com ações negociadas na Bolsa de Valores é totalmente ordinária e previsível. Por outro lado, a queda vertiginosa no preço das ações, em virtude da descoberta de um esquema de corrupção daquela magnitude em empresa pública, sujeita a diversas formas de controle, pode ser considerada imprevisível e extraordinária, "porque improvável ou nunca antes verificado".[237]

Voltando aos *coronation cases*, indaga-se se o cancelamento da coroação era um evento imprevisível e extraordinário. Por um lado, trata-se de tradição inglesa que vinha sendo seguida a cerca de nove séculos, sendo certo que, desde 1066, apenas dois regentes não foram coroados na Abádia de Westminister.[238] Por outro, não é de todo imprevisível e extraordinário que um indivíduo, já de certa idade e saúde frágil, seja acometido por doença que o impeça de comparecer a compromisso pré-estabelecido. Inclusive, alguns contratos celebrados à época da coroação dispuseram sobre as consequências do cancelamento, evidenciando que este não só era previsível em abstrato, como foi efetivamente previsto por diversos indivíduos em suas contratações.

Diante dessas dificuldades, a doutrina pátria tem buscado temperar esse requisito no âmbito de aplicação da teoria da onerosidade excessiva, admitindo como imprevisível "uma causa que seja previsível, mas que produza resultados extraordinários e imprevisíveis, segundo o risco que razoavelmente os contratantes poderiam esperar".[239] Dá-se o exemplo de determinados eventos climáticos, como épocas de seca e geadas, que embora sejam previsíveis (pois acontecem anualmente em determinada época), podem gerar impac-

---

237. SCHREIBER, Anderson. *Equilíbrio contratual e dever de renegociar.* São Paulo: Saraiva Educação, 2018. p. 197.
238. Informação disponível em: <https://www.westminster-abbey.org/about-the-abbey/history/royalty/coronations/#>. Acesso em 03 jan. 2019.
239. MELO, Marco Aurélio Bezerra de. *Curso de direito civil,* v. III, direito dos contratos, tomo I. São Paulo: Atlas, 2015. p. 387-388.

tos extraordinários e imprevisíveis em determinado ano, em razão de variação climática mais intensa.²⁴⁰ Embora resulte do louvável diagnostico de que, realmente, a tentativa de identificar eventos imprevisíveis e extraordinários é insuficiente e arbitrária, essa sugestão não resolve o problema. Afinal, a dificuldade está, fundamentalmente, em se delimitar o que, à luz do caso concreto, é previsível e extraordinário (seja o evento em si ou seus resultados).

Em tese de titularidade dedicada à temática do equilíbrio contratual, Schreiber constata que o método utilizado pela jurisprudência pátria para identificar um acontecimento como imprevisível e extraordinário "revela-se excessivamente subjetivo e oscilante, não resistindo a uma análise cientifica e desafiando, por isso mesmo, qualquer tentativa de uniformização fundada em critérios racionais".²⁴¹ Verifica, ademais, que, em geral, o Poder Judiciário se limita a essa análise – de se o evento é ou não imprevisível e extraordinário –, deixando de avaliar o que realmente importa: o efetivo impacto do acontecimento sobre o equilíbrio contratual.²⁴²

À vista disso, o autor propõe que o foco da análise (na onerosidade excessiva) se desloque da verificação da imprevisibilidade e extraordinariedade do evento, para a constatação da ocorrência de desequilíbrio contratual. Isso porque, o que o instituto busca tutelar

---

240. "A seca no nordeste ou a geada no sul do Brasil são eventos previsíveis em determinados períodos do ano, mas em ambas as regiões, de alguma forma, a produção agropecuária continua se desenvolvendo e há um risco razoável assumido pelos contratantes com relação a financiamentos ou de compra e venda dos produtos, por exemplo. Dessa forma, pode suceder que em determinado ano os eventos naturais assinalados que se mostrem *previsíveis* acabem ganhando uma dimensão tão extraordinária que o resultado produzido seja de tal forma *imprevisível* que justifique a modificação das bases contratuais iniciais em razão da onerosidade excessiva superveniente em desfavor de uma das partes." (MELO, Marco Aurélio Bezerra de. *Curso de direito civil*, v. III, direito dos contratos, tomo I. São Paulo: Atlas, 2015. p. 388).
241. SCHREIBER, Anderson. *Equilíbrio contratual e dever de renegociar*. São Paulo: Saraiva Educação, 2018. p. 204.
242. "É que, ao centrar foco sobre o juízo de imprevisibilidade e extraordinariedade do acontecimento que antecede o desequilíbrio, o Poder Judiciário deixa de analisar aquilo que deveria ser o núcleo das decisões nessa matéria: o impacto concreto do referido acontecimento sobre a proporcionalidade interna do contrato." (SCHREIBER, Anderson. *Equilíbrio contratual e dever de renegociar*. São Paulo: Saraiva Educação, 2018. p. 204).

é a manutenção do equilíbrio contratual, e não a proteção das partes contra acontecimentos imprevisíveis ou extraordinários.[243] Para o autor, "mais simples e efetivo que debater em abstrato se uma causa qualquer, eleita arbitrariamente pelo Poder Judiciário ou pelos representantes das partes, afigura-se ou não imprevisível parece ser debater se aquela específica alteração superveniente do equilíbrio contratual é ou não objetivamente exorbitante".[244]

A lógica também parece se aplicar à frustração do fim do contrato – e com menos dificuldade, diante da inexistência de previsão legislativa que imponha o requisito. De fato, o instituto tutela a concretização da finalidade do contrato e a efetiva satisfação do interesse dos contratantes. Não sendo mais possível atingir a finalidade do contrato, não há sentido na manutenção do vínculo contratual, pouco importando se o evento que gerou tal impossibilidade era ou não imprevisível e extraordinário. Nessa linha, por exemplo, o entendimento da Corte de Cassação italiana, que não indica a extraordinariedade e imprevisibilidade como requisito da *presupposizione*.[245]

É essencial, todavia, que o risco do evento que conduziu à impossibilidade de se alcançar o fim do contrato não tenha sido assumido por um dos contratantes, seja por força de lei ou por contrato. Afinal, havendo previsão legal ou contratual nesse sentido, esta prevalecerá, tornando inócua a aplicação da doutrina da frustração do fim do contrato. A esse respeito, Cogo afirma que "o problema, a nosso ver, não está muito em saber se o evento era ou não previsível, mas sim em determinar se algum dos contratantes, devidamente

---

243. "O que se propõe nesta obra é que se faça justamente o oposto daquilo que atualmente ocorre em nossa jurisprudência. O foco da análise deve se deslocar da questão da imprevisibilidade e extraordinariedade (do acontecimento apontado como "causa") para o desequilíbrio contratual em concreto. Trata-se, em essência, de assegurar o equilíbrio contratual, e não de proteger as partes contra acontecimentos que não poderiam ou não puderam antecipar no momento de sua manifestação originária de vontade." (SCHREIBER, Anderson. *Equilíbrio contratual e dever de renegociar*. São Paulo: Saraiva Educação, 2018. p. 205).
244. SCHREIBER, Anderson. *Equilíbrio contratual e dever de renegociar*. São Paulo: Saraiva Educação, 2018. p. 207.
245. Confira-se, a título exemplificativo, recentíssimos julgados: ITÁLIA, Corte Suprema di Cassazione, Unite Civile, Sentenza n. 9909, Rel. D'Ascola Pasquale, j. 20.04.2018; ITÁLIA, Corte Suprema di Cassazione, Seconda Civile, Sentenza n. 31629, Rel. Picaroni Elisa, j. 06.12.2018.

informado, suportava o risco da alteração das circunstâncias, na proporção esperada".[246]

De fato, há regras específicas aplicáveis a determinados tipos contratuais que alocam de antemão os riscos relacionados àquela espécie de avenças. Assim, por exemplo, em contratos de empreitada, os riscos são alocados ao empreiteiro que fornece materiais por força da previsão expressa do artigo 611 do Código Civil.[247] Nesse caso, ele deverá suportar o ônus de evento superveniente que conduza à frustração do fim do contrato. Da mesma forma, na venda com reserva de domínio, o comprador responderá pelos riscos da coisa a partir do momento em que ela lhe for entregue, nos termos do artigo 524 do Código Civil.[248]

Igualmente, as partes, no exercício de sua autonomia privada, podem gerir os riscos econômicos relacionados ao contrato, imputando a um dos contratantes "a responsabilidade pelas consequências deflagradas pelo implemento de determinado fato superveniente previsível, cuja ocorrência, no momento da contratação, era incerta".[249] Assim, "as partes poderão modelar a alocação de riscos do negócio, inserindo na sua causa repartição de riscos específica e incomum a certa espécie negocial".[250]

Desse modo, se, por força de lei ou por meio do exercício da autonomia privada das partes, o risco de ocorrência do evento que vier a inviabilizar a concretização da finalidade contratual tiver sido imputado a algum dos contratantes, deve-se respeitar a referida alocação de risco, sendo inaplicável a teoria da frustração do fim do contrato.

---

246. COGO, Rodrigo Barreto. *A frustração do fim do contrato*. Rio de Janeiro: Renovar, 2012. p. 249.
247. "Art. 611. Quando o empreiteiro fornece os materiais, correm por sua conta os riscos até o momento da entrega da obra, a contento de quem a encomendou, se este não estiver em mora de receber. Mas se estiver, por sua conta correrão os riscos."
248. "Art. 524. A transferência de propriedade ao comprador dá-se no momento em que o preço esteja integralmente pago. Todavia, pelos riscos da coisa responde o comprador, a partir de quando lhe foi entregue."
249. TERRA, Aline de Miranda Valverde; BANDEIRA, Paula Greco Bandeira. A cláusula resolutiva expressa e o contrato incompleto como instrumentos de gestão de risco nos contratos. In: *Revista Brasileira de Direito Civil*, v. 06, n. 04, 2015. p. 10.
250. TERRA, Aline de Miranda Valverde; BANDEIRA, Paula Greco Bandeira. A cláusula resolutiva expressa e o contrato incompleto como instrumentos de gestão de risco nos contratos. In: *Revista Brasileira de Direito Civil*, v. 06, n. 04, 2015. p. 11-12.

3
EFEITOS DA FRUSTRAÇÃO DO FIM DO CONTRATO

3.1 INEFICÁCIA DA RELAÇÃO OBRIGACIONAL

Como já se viu, a frustração do fim do contrato atua no plano da eficácia, exigindo-se que haja contrato existente e válido para que seja aplicável. Com efeito, a sua configuração não conduz à inexistência ou nulidade do contrato, na medida em que é causada por eventos posteriores à formação do vínculo contratual.[251] Também não há que se falar em anulabilidade, que, igualmente, diz respeito a defeitos contemporâneos à formação do contrato, que podem ou não ser sanados.[252]

Ao revés, a doutrina estrangeira é relativamente tranquila ao reconhecer que a frustração do fim do contrato afeta a eficácia do

---

251. "Se a frustração do contrato é factível de ser verificada após o seu aperfeiçoamento e até a oportunidade em que se conclui por esgotamento das promessas que o contêm, naturalmente o efeito da figura sob exame não é a invalidez (nulidade, pois esta resulta contemporânea à formação do ato, mas a ineficácia".
Tradução livre de: *"Si la frustración del contrato sólo es factible de verificarse luego de su perfeccionamiento y hasta la oportunidad en que se concluye por agotamiento de las promesas que lo contienen, va de suyo que el efecto de la figura en examen no es la invalidez (nulidad), pues ésta resulta contemporánea con la formación del acto, sino la ineficacia."* (STIGLITZ, Rubén. *Objeto, causa y frustración del contrato.* Buenos Aires: Depalma, 1992. p. 25).

252. "Tampouco é adequado aplicar à hipótese de frustração a ideia de anulabilidade. Neste caso, mediante uma sentença constitutiva, se deixa sem efeito um contrato validamente celebrado, mas que tem inicialmente uma certa imperfeição. Ante essa imperfeição, a parte legitimada para tanto, e dentro do prazo concedido pela Lei, pode erguer-se perante os Tribunais pedindo que deixem sem efeito o contrato; contrato que sem atuação judicial permaneceria, conservando sua validade, e chegaria, inclusive, a converter-se em completamente inatacável."
Tradução livre de: *"Tampoco es adecuado aplicar al supuesto de frustración la idea de anulabilidad. En este caso, mediante una sentencia constitutiva, se deja sin efecto un contrato válidamente celebrado, pero que tiene inicialmente una cierta imperfección. Ante esta imperfección, la parte legitimada para ello, y dentro del plazo concedido por la Ley, puede alzarse ante los Tribunales pidiendo dejen sin efecto el contrato; contrato que sin actuación judicial permanecería, conservando su validez, y llegaría, incluso, a convertirse en completamente inatacable."* (SANZ, Vicente Espert. *La frustración del fin del contrato.* Madri: Editorial Tecnos, 1968. p. 242).

negócio, na medida em que, nesses casos, "o contrato nasce perfeitamente válido, porém perde a sua capacidade de realizar o justo equilíbrio de interesses, em detrimento do valor Justiça, em consequência de fatos supervenientes à sua celebração".[253] Sustenta-se, nesta direção, que a frustração do fim do contrato é hipótese de anomalia que conduz à ineficácia do ato, na medida em que não "merece auspício" a manutenção da eficácia de relação que se tornou estéril.[254]

No Brasil, essa posição é defendida por Ruy Rosado de Aguiar Jr., para quem "o contrato, uma vez celebrado, pode ser atingido por diversos fatos supervenientes, alguns deles produzindo a frustração do fim que se pretendia alcançar com o acordo, isto é, por uma causa superveniente de ineficácia".[255] Também Rodrigo Cogo, em obra dedicada ao tema, afirma que "a consequência da frustração do fim do contrato, situa-se no plano da eficácia. Sua ocorrência é, assim, patologia que acarreta a ineficácia do contrato".[256]

De fato, a solução se coaduna com o sistema jurídico pátrio. Como já se mencionou, o marco constitucional de 1988 impôs a constitucionalização das relações privadas, de modo que o modelo

---

253. Tradução livre de: *"el contrato nace perfectamente válido, pero pierde su capacidad de realizar un justo equilibrio de intereses con total detrimento del valor Justicia a consecuencia de hechos sobrevenidos a su celebración."* (SANZ, Vicente Espert. *La frustración del fin del contrato*. Madri: Editorial Tecnos, 1968. p. 242).

254. "Gravita sempre, ademais, uma razão econômica: o princípio da conservação. Da mesma forma que não é admissível que se declare a nulidade quando não existe um interesse jurídico comprometido ou quando esta é invocada só pela própria nulidade, pois resultaria completamente inócua a destruição de um ato jurídico que poderia ser renovado imediatamente, sem obstáculo legal algum (...) tampouco merece auspício estar a favor da consequência de eficácia de um ato cujo resultado total ou parcial é estéril."

Tradução livre de: *"Gravita siempre, además, una razón económica: el principio de conservación. Por lo mismo que no es admisible declarar la nulidad cuando no existe un interés jurídico comprometido o cuando se la invoca sólo por la nulidad misma, pues resultaría completamente inocua la destrucción de un acto jurídico que podría ser renovado inmediatamente, sin obstáculo legal alguno (...) tampoco merece auspicio estar a favor a ultranza de la eficacia de un acto cuyo desemboque total o parcialmente es estéril."* (MORELLO, Augusto M. *Ineficacia y frustración del contrato*. La Plata: Editora Platense – Abeledo Perrot, 1975. p. 70).

255. AGUIAR JÚNIOR, Ruy Rosado de. Extinção dos contratos. In: *Contratos empresariais: contratos de consumo e atividade econômica* (coord. LOPEZ, Teresa Ancona; AGUIAR JÚNIOR, Ruy Rosado de). São Paulo: Saraiva, 2009. (Série GVlaw). p. 422.

256. COGO, Rodrigo Barreto. *A frustração do fim do contrato*. Rio de Janeiro: Renovar, 2012. p. 266.

contratual clássico teve que ser reconstruído e relido em conformidade com a tábua axiológica constitucional.[257] A autonomia privada, por sua vez, "deixa de configurar um valor em si mesma, e será merecedora de tutela somente se representar, em concreto, a realização de um valor constitucional".[258]

Nesse cenário, ganha extremo relevo a função das relações contratuais. Como anota a doutrina, "somado ao juízo de licitude/ilicitude, o intérprete também deverá se valer de critérios qualitativos, por meio dos quais se consiga avaliar a legitimidade do ato à luz dos contornos constitucionais que lhe dão fundamento e da função que deva desempenhar no caso prático".[259]

Mais especificamente, abandona-se a antiga noção de que o interesse do devedor se encontra subordinado ao do credor, para se reconhecer que o adimplemento das obrigações se dirige não à satisfação arbitrária do credor, mas ao atendimento dos interesses efetivamente perseguidos pelas partes com o contrato, isto é, a sua função concreta.[260] Logo, o comportamento das partes somente será

---

257. "O cenário só viria a mudar drasticamente, no Brasil, com a promulgação da Constituição de 1988 que, a um só tempo, representou a fragmentação do modelo contratual clássico, bem como determinou as bases para sua reconstrução em conformidade com a axiologia constitucional, notadamente a partir da incidência dos princípios da dignidade da pessoa humana e da solidariedade social, os quais, em conjunto, promoveram transformação qualitativa no conteúdo da autonomia privada e impuseram a funcionalização do contrato aos valores constitucionais." (MONTEIRO FILHO, Carlos Edison do Rêgo; RITO, Fernanda Paes Leme Peyneu. *Fontes e evolução do princípio do equilíbrio contratual*. In: *Pensar*, v. 21, n. 2. Fortaleza: 2016. p. 394).

258. TEPEDINO, Gustavo. Normas constitucionais e direito civil na construção unitária do ordenamento. In: TEPEDINO, Gustavo. *Temas de Direito Civil*. t. III. Rio de Janeiro: Renovar, 2006. p. 6.

259. MONTEIRO FILHO, Carlos Edison do Rêgo e RITO, Fernanda Paes Leme Peyneu. *Fontes e evolução do princípio do equilíbrio contratual*. In: *Pensar*, v. 21, n. 2. Fortaleza: 2016. p. 400.

260. "A doutrina tradicional afirma que, nesta matéria, 'o interesse do devedor acha-se subordinado ao do credor.' Todavia, cumpre reconhecer que o adimplemento dirige-se não à satisfação arbitrária do credor, mas ao atendimento da função sócio-econômica, identificada com a própria causa do ajuste estabelecido entre as partes. Em outras palavras, o que o adimplemento exige não é tanto a satisfação do interesse unilateral do credor, mas o atendimento à causa do contrato, que 'se constitui, efetivamente, do encontro do concreto interesse das partes com os efeitos essenciais abstratamente previstos no tipo (ou, no caso dos contratos atípicos, da essencialidade que lhe é atribuída pela própria autonomia negocial).' Se o comportamento do devedor alcança aqueles efeitos essenciais que, pretendidos concretamente pelas partes com a celebração do negócio, mostram-se merecedores de tutela, tem-se o adimplemento da obrigação,

merecedor de tutela se atingir os efeitos essenciais concretamente pretendidos pelas partes.

Noutras palavras, "transcende-se, em síntese, a estrutura do negócio – forma e conteúdo (o *como* e o *o quê*) – para se perquirir a sua função (o seu *porquê*). É o atendimento a esta função concreta do negócio, e não mais o cumprimento meramente estrutural da prestação principal contratada, que define o adimplemento, em sua visão contemporânea."[261]

Ora, se o contrato – e o adimplemento – se destina à satisfação da função concreta do negócio e tal função se torna inatingível,[262] não há fundamento jurídico para a manutenção da eficácia do contrato. Afinal, não se pode exigir o cumprimento de prestações que não mais servem à finalidade visada pelas partes ao celebrar a avença. Parafraseando a célebre decisão de Lord Radcliffe na *House of Lords* inglesa, "*non haec in foedera veni. It was not this that I promised to do*".[263]

É por isso que Junqueira de Azevedo afirma que "o fim que não mais pode ser atingido faz com que o contrato perca sua função social, devendo torná-lo juridicamente ineficaz".[264] Desse modo,

---

independentemente da satisfação psicológica ou não do credor. Note-se, porém, que não basta a verificação da causa em abstrato, normalmente identificada, no direito das obrigações, com a realização das prestações principais integrantes do tipo negocial em sua previsão normativa. Impõe-se o exame da chamada 'causa em contrato', isto é, do atendimento os interesses efetivamente perseguidos pelas partes com a regulamentação contratual." (SCHREIBER, Anderson. A tríplice transformação do adimplemento: adimplemento substancial, inadimplemento antecipado e outras figuras. In: *Revista Trimestral de Direito Civil*, v. 8, n. 32, out./dez. 2007. Disponível em: <http://www.andersonschreiber.com.br/downloads/A_Triplice_Transformacao_do_Adimplemento.pdf>. Acesso em 10 jan. 2019. p. 12-13).

261. SCHREIBER, Anderson. A tríplice transformação do adimplemento: adimplemento substancial, inadimplemento antecipado e outras figuras. In: *Revista Trimestral de Direito Civil*, v. 8, n. 32, out./dez. 2007. Disponível em: <http://www.andersonschreiber.com.br/downloads/A_Triplice_Transformacao_do_Adimplemento.pdf>. Acesso em 10 jan. 2019. p. 13.

262. Como se viu no item 1.3.1 acima, há enorme proximidade entre as noções de função concreta e fim do contrato, sendo que autorizada doutrina sustenta a sua absoluta identidade.

263. INGLATERRA, Davis Contractors Ltd. v. Fareham Urban District Council, [1956] A.C. 696. Disponível em: <https://www.trans-lex.org/311200>. Acesso em 20 set. 2018.

264. AZEVEDO, Antônio Junqueira de. Natureza jurídica do contrato de consórcio. Classificação dos atos jurídicos quanto ao número de partes e quanto aos efeitos. Os contratos relacionais. A boa-fé nos contratos relacionais. Contratos de duração. Alteração das circunstâncias e onerosidade excessiva. Sinalagma e resolução contratual. Resolução

"a impossibilidade de obtenção do fim último visado pelo contrato constitui, a nosso ver, juntamente com a ofensa a interesses coletivos (meio-ambiente, concorrência etc.) e a lesão à dignidade da pessoa humana, os três casos em que a função social do contrato deve levar à ineficácia superveniente".[265]

Também nesse sentido, a lição de Castro Neves:

Diante disso, sendo evidente que o objetivo da obrigação não mais será atingido, devido a fato superveniente, razoável reconhecer que se deva extinguir o negócio, até mesmo em atenção ao princípio, cristalizado no artigo 421 do Código Civil, segundo o qual o contrato deve cumprir uma função social (o que não ocorrerá se ele deixar de ter algum propósito para uma das partes).[266]

Trata-se aqui de ineficácia *ex nunc* da relação, de modo que as partes serão liberadas do cumprimento de suas obrigações a partir do evento que conduziu à frustração, mantendo-se hígidas as prestações realizadas anteriormente.[267] Ou seja, frustrado o fim do contrato e tornando-se a relação ineficaz, as partes serão liberadas, desvinculando-se os contratantes do dever de cumprir suas obrigações de parte a parte.[268]

---

parcial do contrato. Função social do contrato. In: *Doutrinas Essenciais Obrigações e Contratos*, v. 6, jun. 2011. p. 22.

265. AZEVEDO, Antônio Junqueira de. Natureza jurídica do contrato de consórcio. Classificação dos atos jurídicos quanto ao número de partes e quanto aos efeitos. Os contratos relacionais. A boa-fé nos contratos relacionais. Contratos de duração. Alteração das circunstâncias e onerosidade excessiva. Sinalagma e resolução contratual. Resolução parcial do contrato. Função social do contrato. In: *Doutrinas Essenciais Obrigações e Contratos*, v. 6, jun. 2011. p. 22.

266. NEVES, José Roberto de Castro. *Direito das obrigações*. Rio de Janeiro: GZ Editora, 2008. p. 230.

267. "E não é esse o efeito que sempre produz a frustração, que, em frequentíssimas ocasiões, produz a ineficácia desde o momento em que acontece o evento frustrante, *ex nunc*, mantendo-se como bem feito o que foi realizado até o momento."

Tradução livre de: "*Y no es éste el efecto que siempre produce la frustración, sino que en frecuentísimas ocasiones produce la ineficacia desde el momento mismo en que acontece el evento frustrante, ex nunc, manteniéndose como bien hecho lo que hasta el momento ha sido realizado.*" (SANZ, Vicente Espert. *La frustración del fin del contrato*. Madri: Editorial Tecnos, 1968. p. 240).

268. "Não se olvide que o efeito liberatório se produz em relação a ambos os contratantes, dispensando também o devedor de cumprir a prestação inadimplida." (TERRA, Aline de Miranda Valverde. *Cláusula resolutiva expressa*. Belo Horizonte: Fórum, 2017. p. 179).

Essa solução é comum nos ordenamentos jurídicos que admitem a frustração do fim do contrato. Como anota Espert Sanz, "vimos nos *leading cases* que o normal é que os Tribunais produzam ou declarem um 'congelamento' do contrato, admitindo como bem realizadas as prestações já efetuadas ou, ao menos já devidas e liberando os contratantes de efetuar as prestações posteriores, com o fim de evitar que se levem a efeito e não se tornem devidas novas contraprestações".[269]

Lembre-se que, conforme narrado no item 1.1.1 acima, essa foi a decisão das cortes inglesas no âmbito dos *coronation cases*, por terem entendido que as partes não poderiam permanecer vinculadas ao cumprimento das obrigações após a frustração do fim do contrato.

E, ao positivar o regime da frustração do fim do contrato, por meio do *Law Reform (Frustrated Contracts) Act 1943*, o legislador inglês, embora tenha revisto algumas regras consolidadas na jurisprudência, tratou a liberação das partes como efeito natural do instituto, prevendo que seus dispositivos serão aplicáveis "quando o cumprimento de um contrato regido pela lei inglesa se tornou impossível ou restou frustrado e as partes tiverem, por esta razão, sido liberadas do cumprimento de suas obrigações futuras (...)".[270] A esse respeito, Treitel comenta que "uma vez satisfeitos os requisitos da frustração, o efeito da doutrina (no direito inglês) é a extinção do contrato (nas palavras de Lord Sumner) 'imediatamente, sem mais e automaticamente'".[271]

Desse modo, tem-se que as partes serão liberadas do cumprimento de suas prestações a partir da ocorrência da frustração do fim do contrato. Isso, porém, não significa que elas poderão deixar de

---

269. Tradução livre de: "*hémos visto em los leading cases que lo normal es que los Tribunales produzcan o declaren una 'congelación' del contrato, admitiendo como bien hechas las prestaciones ya efectuadas, o, al menos, ya devengadas, y liberando a los contratantes de efectuar prestaciones ulteriores, con el fin de evitar que se lleven a efecto y no se devenguen nuevas contraprestaciones.*" (SANZ, Vicente Espert. *La frustración del fin del contrato*. Madri: Editorial Tecnos, 1968. p. 257).
270. Tradução livre de: "*Where a contract governed by English law has become impossible of performance or been otherwise frustrated and the parties thereto have for that reason been discharged from further performance of the contract (...)*".
271. Tradução livre de: "*Once the requirements of frustration are satisfied, the effects of the doctrine (in English law) is to discharge the contract (in the word of Lord Sumner) 'forth--with, without more and automatically'*". (TREITEL, Sir Guenter. *Frustration and force majeure*. 3 Ed., Londres: Thomson Sweet & Maxwell, 2014. p. 554).

observar seus deveres de conduta impostos por lei ou por contrato.

Afinal, "o efeito liberatório tem o condão de liberar as partes da observância de todos os deveres prestacionais devidos à contraparte, mas não as exime de observar, durante a fase de liquidação, deveres de conduta expressamente previstos no contrato (...), bem como deveres impostos heteronomamente pela boa-fé objetiva".[272]

Registre-se, nesta mesma direção, que a perda superveniente de eficácia não deve atingir o contrato como um todo, mas apenas a relação obrigacional atingida pela frustração do fim do contrato.[273] Assim, disposições como cláusulas compromissórias permanecerão hígidas, não obstante a frustração do fim do contrato.[274]

Há, entretanto, quem, embora reconheça que a frustração do fim do contrato conduz à ineficácia, sustente que esta não teria efeitos *ipso jure*, sendo necessário que a parte interessada pleiteie a resolução da avença, a ser deferida por meio de sentença judicial constitutiva. Para Espert Sanz, por exemplo, a frustração do fim do contrato gera uma ineficácia funcional, que afeta as consequências

---

272. TERRA, Aline de Miranda Valverde. *Cláusula resolutiva expressa*. Belo Horizonte: Fórum, 2017. p. 180.
273. "A ineficácia não afetará, por vezes, a relação contratual integral, senão apenas uma determina cláusula cuja base há desparecido".
Tradução livre de: *"La ineficacia no afectará, em ocasiones, a la relación contractual íntegra, sino tan sólo a una determinada cláusula cuya base ha desaparecido"*. (LARENZ, Karl. *Base del negocio jurídico y cumplimiento de los contratos*. Madrid: Editora Revista de Derecho Privado, 1956. p. 185).
274. Há mesmo quem sustente que a ineficácia poderá se limitar às cláusulas atingidas pela frustração do fim do contrato. Analisando caso concreto em parecer sobre o tema, Junqueira de Azevedo expôs: "A perda de função social também pode ocorrer, como é natural, com cláusula do contrato. Ora, no caso concreto, a referida 'contribuição', passando de 'contingente' a permanente, não mais corresponde à vontade das partes nem atinge o fim para o qual surgiu, que era o de responder a uma eventualidade. Assim sendo, pensamos que a consulente deve, após seguir o "caminho das pedras" da negociação e se não houver acordo, pleitear a revisão ou a resolução da cláusula de Contribuição de Contingência. Deve também, o quanto antes, notificar suas parceiras da atual situação de ineficácia possível da citada cláusula e, para evitar maiores prejuízos, requerer, na arbitragem, a suspensão dos pagamentos mensais (não obtida, poderá pedir, na demanda de resolução, a devolução das "contribuições" a partir da citação – e, talvez, a partir da notificação)." (AZEVEDO, Antônio Junqueira de. Natureza jurídica do contrato de consórcio. Classificação dos atos jurídicos quanto ao número de partes e quanto aos efeitos. Os contratos relacionais. A boa-fé nos contratos relacionais. Contratos de duração. Alteração das circunstâncias e onerosidade excessiva. Sinalagma e resolução contratual. Resolução parcial do contrato. Função social do contrato. In: *Doutrinas Essenciais Obrigações e Contratos*, v. 6, jun. 2011. p. 22)

de um negócio regularmente formado. Assim, "a frustração do fim do contrato não provoca, *ipso jure*, a ineficácia do mesmo, total ou parcialmente, mas faculta às partes, em medida que logo veremos, pedir a resolução total ou parcial do contrato".[275] Trata-se, para o autor, de circunstância que confere à parte legitimidade para pedir a resolução do vínculo contratual, sendo certo que "a sentença que resolver o contrato terá, por conseguinte, caráter constitutivo e não meramente declaratório, já que da atuação judicial derivam de forma direta os efeitos resolutórios postulados pelas partes".[276]

Nesse mesmo sentido, o direito territorial prussiano previa a possibilidade de resolução do contrato pelas partes "se em razão de uma transformação imprevista das circunstâncias, se fizer impossível a consecução da finalidade última de ambas as partes, expressamente declarada ou deduzida da natureza do negócio, cada uma das partes pode resolver o contrato ainda não cumprido".[277]

Já o Código Civil e Comercial da Argentina prevê que a "frustração do fim do contrato autoriza a parte prejudicada a declarar a sua resolução" e que "a resolução se opera quando a parte comunica sua declaração extintiva à contraparte".[278] Ou seja, de acordo com a redação do artigo, bastaria a declaração de uma das partes, sem necessidade de intervenção judicial. Registre-se, contudo, que a

---

275. Tradução livre de: "*la frustración del fin del contrato no provoca, ipso iure, la ineficacia del mismo, total o parcialmente, sino que faculta a las partes, en la medida que luego veremos, para pedir resolución total o parcial del contrato.*" (SANZ, Vicente Espert. *La frustración del fin del contrato*. Madri: Editorial Tecnos, 1968. p. 242).
276. Tradução livre de: "*La sentencia que resuelva el contrato tendrá, por consiguiente, carácter constitutivo y no meramente declarativo, ya que de la actuación judicial se derivan de un modo directo los efectos resolutorios postulados pelas partes.*" (SANZ, Vicente Espert. *La frustración del fin del contrato*. Madri: Editorial Tecnos, 1968. p. 242).
277. Tradução livre de: "*si a causa de una imprevista transformación de las circunstancias se hiciere imposible la consecución de la finalidad última de ambas partes, expresamente declarada o deducida de la naturaleza del negocio (…)*" (LARENZ, Karl. *Base del negocio jurídico y cumplimiento de los contratos*. Madrid: Editora Revista de Derecho Privado, 1956. p. 148).
278. Tradução livre de: "*Articulo 1090. Frustración de la finalidad. La frustración definitiva de la finalidad del contrato autoriza a la parte perjudicada a declarar su resolución, si tiene su causa en una alteración de carácter extraordinario de las circunstancias existentes al tiempo de su celebración, ajena a las partes y que supera el riesgo asumido por la que es afectada. La resolución es operativa cuando esta parte comunica su declaración extintiva a la otra. Si la frustración de la finalidad es temporaria, hay derecho a resolución sólo si se impide el cumplimiento oportuno de una obligación cuyo tiempo de ejecución es esencial.*"

escolha do legislador argentino foi criticada por parcela significativa da doutrina, a qual entende que a frustração do fim do contrato é uma situação complexa, o que "torna a resolução operativa um meio inteiramente inadequado para descartar a intervenção judicial e retirar da sentença o caráter constitutivo que a deve revestir".[279]

Voltando ao Brasil, não parece adequado, no caso de frustração do fim do contrato, exigir que as partes busquem o Poder Judiciário para pleitear a resolução do contrato, por meio de sentença constitutiva. Lembre-se que, no ordenamento pátrio, "a resolução conduz à ineficácia do negócio, em virtude de circunstâncias posteriores à sua conclusão e frustrantes do programa contratual traçado pelas partes".[280] Por esse motivo, não havendo cláusula resolutiva expressa[281] ou concordância entre partes, a resolução deve ser objeto de sentença constitutiva, entendida como aquela que cria modifica ou extingue uma relação jurídica.[282]

Já a frustração do fim do contrato tem como efeito justamente a ineficácia da relação obrigacional. Em se tornando a finalidade do contrato inalcançável, a relação obrigacional resta, desde então, desprovida de sentido e eficácia. Assim, não há que se falar em resolução do contrato – que, repita-se, tem por efeito a ineficácia – quando a ineficácia já resulta da própria frustração do fim do contrato.

---

279. Tradução livre de: "*torna a esta resolución operativa como un medio enteramente inadecuado para descartar la necesaria intervención judicial y despojar a la sentencia del carácter constitutivo que debe revestirse.*" (APARICIO, Juan Manuel. *La frustración del fin del contrato*. In: *Revista de Derecho Privado y comunitário*, 2014.1. Rubinzal-Culzoni Editores. p. 185).
280. TERRA, Aline de Miranda Valverde. *Cláusula resolutiva expressa*. Belo Horizonte: Fórum, 2017. p. 37-38.
281. Não se desconhece a controvérsia a respeito dessa afirmação, mas alinha-se ao entendimento da doutrina que sustenta a possibilidade de resolução extrajudicial nesses casos. Para análise detalhada do tema, confira-se: TERRA, Aline de Miranda Valverde. *Cláusula resolutiva expressa*. Belo Horizonte: Fórum, 2017.
282. "Sempre que do processo resultar uma situação jurídica nova ou a modificação/extinção de uma situação jurídica já existente, o caso é de demanda constitutiva. São exemplos: ação de invalidação, ação de resolução/revisão de contrato, ação de interdição, divórcio, ações divisórias, ação de falência, ação rescisória, exclusão de herdeiro, etc. Normalmente, os efeitos de uma decisão constitutiva operam *ex nunc*. No entanto, não se desconhecem decisões constitutivas-negativas com eficácia retroativa, como é o caso da que anula negócio jurídica (art. 182 do CC-2002)." (DIDIER JR., Fredie. *Curso de direito processual civil*: introdução ao direito processual civil e processo de conhecimento, v. 1. 14 Ed. Salvador: Jus Podivm, 2012. p. 234).

A esse respeito, em resposta à Oertmann – que defendia a necessidade de resolução do contrato após a sua frustração – Larenz afirma que "se ambas as partes se deixaram guiar pela mesma pressuposição equivocada, nenhuma delas poderá, quando revelado o equívoco da pressuposição, continuar confiando na subsistência do contrato celebrado".[283] E continua, "o critério legal é que quando é indiscutível que o resultado pressuposto não se realizará, a prestação não tem causa, ou seja, a relação jurídica, em que a prestação se fundamenta, perdeu seu significado e, portanto, resultou ineficaz. A partir deste momento, o destinatário da prestação a tem 'sem causa', o que pode ter importância para a sua responsabilidade".[284] Desse modo, conclui o autor tedesco que, caso uma das partes vá a juízo, o tribunal deverá se limitar a reconhecer a ineficácia *ipso jure* da obrigação.[285]

---

283. Tradução livre de: "*si ambas partes se han dejado guiar por la misma presuposición errónea, ninguna de ellas podrá, cuando se haya puesto de manifiesto lo erróneo de la presuposición, continuar confiando en la subsistencia del contrato celebrado*". (LARENZ, Karl. *Base del negocio jurídico y cumplimiento de los contratos.* Madrid: Editora Revista de Derecho Privado, 1956. p. 184).
284. Tradução livre de: "*El criterio legal es que cuando es indudable que el resultado propuesto no se realizará, la prestación no tiene causa, o sea, la relación jurídica, en que la prestación se fundamenta, ha perdido su significación, y, por tanto, ha resultado ineficaz. A partir de este momento, el destinatario de la prestación la tiene 'sin causa', lo cual puede tener importancia para su responsabilidad*". (LARENZ, Karl. *Base del negocio jurídico y cumplimiento de los contratos.* Madrid: Editora Revista de Derecho Privado, 1956. p. 186).
285. Voltando ao exemplo dos *coronation cases*, o autor comenta: "Consideremos o caso do arrendamento da janela. Se se suspende o desfile, o arrendador não pode esperar, de boa-fé, que o arrendatário continue sujeito ao contrato e pague o preço convencionado pelo direito de utilização, que já não tem qualquer sentido; o arrendatário, por conseguinte, não tem motivos para não desapontar essa injustificada confiança. Ao contrário, o desaparecimento do contrato, que se tornou carente de sentido, lhe parecerá tão evidente e a situação tão clara que não julgará necessária uma declaração expressa, por exemplo, uma denúncia. Deve o arrendatário ser condenado a pagar o aluguel por ter omitido a declaração e não estar, assim, formalmente desfeita a relação de arrendamento? Creio que nenhum tribunal decidir deste modo, mas sim admitiria nestes caso a ineficácia *ipso jure*."
Tradução livre de: "*Consideremos el caso del arrendamiento de ventana. Si se suspende el desfile, el arrendador no puede esperar de buena fe que el arrendatario continúe sujeto al contrato y pague el precio convenido por el derecho de utilización, que ya no tiene ningún sentido; el arrendatario, por consiguiente, no tiene motivos para no defraudar esta injustificada confianza. Antes bien, la desaparición del contrato, que ha resultado carente de sentido, le parecerá tan evidente y la situación tan clara que no juzgará necesaria una declaración expresa, por ejemplo, una denuncia. ¿Debe el arrendatario ser condenado a pagar la renta por a ver omitido la declaración y no estar, por tanto, formalmente disuelta la relación de arrendamiento? Creo que ningún tribunal sentenciaría de este modo, sino que admitiría en*

Nessa linha, não há que se cogitar de ação constitutiva, na medida em que a relação jurídica se torna desprovida de eficácia *ipso jure* no momento em que se frustra o fim do contrato. Soma-se a isso que admitir a solução oposta implicaria impor às partes o ônus de continuar cumprindo obrigações contratuais que não mais atendem sua finalidade até que fosse proferida sentença de natureza constitutiva, o que, diante da realidade do Judiciário brasileiro, poderia demorar anos a fio.[286]

Pelo contrário, havendo discordância entre as partes, será cabível o ajuizamento de ação declaratória,[287] que terá por objeto dirimir discussão entre os contratantes a respeito da configuração ou não da frustração do fim do contrato e, por conseguinte, da ineficácia da relação obrigacional.[288] Assim, os efeitos da frustração do fim do contrato se produzirão a partir do evento que lhe ocasionar, salvo ordem judicial em sentido contrário.

---

este caso la ineficacia ipso iure." (LARENZ, Karl. *Base del negocio jurídico y cumplimiento de los contratos*. Madrid: Editora Revista de Derecho Privado, 1956. p. 184-185).

286. Tratando dos óbices à prestação jurisdicional, a doutrina especializada menciona: "Deve-se ter em conta que são muitos os óbices que se levantam em desfavor da efetividade do acesso à Justiça. O primeiro deles é a barreira econômica, representada pelos custos e pelo tempo dispendido no curso do procedimento. Os gastos com advogados e taxas judiciárias, por vezes, podem ser significativos frente ao bem da vida discutido, especial nas causas de menor monta. A demora na prestação jurisdicional também fica caracterizada como custo econômico do processo, vez que pressiona as partes hipossuficientes a abandonar suas pretensões ou aceitaram acordo em patamar muito inferior ao que teriam direito. A procrastinação das demandas, ainda, perpetua os conflitos sociais em vez de pacificá-los." (PINHO, Humberto Dalla Bernardina de; STANCATI, Maria Martins Silva. A ressignificação do princípio do acesso à justiça à luz do art. 3º do CPC/2015. In: *Doutrinas Essenciais – Novo Processo Civil*, v. 1/2018. p. 4).

287. "A sentença meramente declaratória é a mais simples entre todas as sentenças de mérito em sua estrutura lógico-substancial, porque se limita à mera declaração, sem nada lhe acrescentar (supra, n. 889). É de sua essência e natureza a afirmação ou negação da existência de uma relação jurídica, direito ou obrigação, ou a de seus elementos e quantificação do objeto. O resultado da sentença declaratória, seja positiva ou negativa, é invariavelmente a certeza – quanto à existência, inexistência ou valor de relações jurídicas, direitos e obrigações. Essa é a sua utilidade social institucionalizada, sabido que a incerteza é fonte de insegurança e desacertos no giro dos negócios e em todos os aspectos da vida em sociedade." (DINAMARCO, Cândido Rangel. *Instituições de direito processual civil*, v. 3. 6 Ed. São Paulo: Malheiros Editores, 2009. p. 221).

288. Note-se, porém, que caso haja discussão a respeito dos efeitos restitutórios e indenizatórios da frustração do fim do contrato, a sentença não será puramente declaratória, na medida em que poderá condenar uma das partes ao pagamento de valores a título de restituição ou indenização.

Por fim, cumpre investigar a possibilidade de revisão judicial da avença diante da frustração do fim do contrato. Nesse cenário, caberia ao julgador adequar o contrato à nova realidade, preservando a avença ao invés de simples declara a sua extinção.

Essa é a solução prestigiada pelo BGB alemão, cujo § 313 (3) indica a extinção do contrato como alternativa aplicável apenas quando o reajuste não for possível ou não puder ser razoavelmente esperado das partes que o aceite, nos seguintes termos: "caso o reajuste do contrato não seja possível ou não se possa razoavelmente esperar que uma das partes o aceite, a parte em desvantagem poderá se retirar do contrato. No caso de obrigações contínuas, o direito de rescisão toma o lugar do direito de se retirar."[289]

No entanto, é preciso notar que o § 313 do BGB trata de forma conjunta as duas hipóteses de perturbação da base do contrato: desequilíbrio contratual superveniente e frustração do fim do contrato.[290] Essa peculiaridade pode explicar a escolha do legislador alemão, na medida em que, em diversos ordenamentos jurídicos, a revisão dos contratos é remédio tipicamente utilizado para reequilibrar pactos afetados pelo desequilíbrio contratual superveniente.

---

289. Tradução livre de: "*Section 313. (3) If adaptation of the contract is not possible or one party cannot reasonably be expected to accept it, the disadvantaged party may withdraw from the contract. In the case of continuing obligations, the right to terminate takes the place of the right to withdraw.*" (Disponível em: <http://www.fd.ulisboa.pt/wp-content/uploads/2014/12/Codigo-Civil-Alemao-BGB-German-Civil-Code-BGB-english-version.pdf>. Acesso em: 10 out. 2018).

290. "§ 313. (1) Caso as circunstâncias que serviram de base para o negócio se alterem de forma significativa após a celebração do contrato e se as partes não teriam contratado ou teriam contratado de forma diversa se pudessem prever tal alteração, o reajuste do contrato poderá ser pleiteado, na medida em que, levando em conta todas as circunstâncias do caso concreto, em particular a distribuição de riscos contratual e legal, não se possa esperar razoavelmente que uma das partes mantenha o contrato sem alterações."

Tradução livre de: "*Section 313. (1) If circumstances which became the basis of a contract have significantly changed since the contract was entered into and if the parties would not have entered into the contract or would have entered into it with different contents if they had foreseen this change, adaptation of the contract may be demanded to the extent that, taking account of all the circumstances of the specific case, in particular the contractual or statutory distribution of risk, one of the parties cannot reasonably be expected to uphold the contract without alteration.*" (Disponível em: <http://www.fd.ulisboa.pt/wp-content/uploads/2014/12/Codigo-Civil-Alemao-BGB-German-Civil-Code-BGB-english-version.pdf>. Acesso em: 10 out. 2018).

Em relação especificamente à frustração do fim do contrato, causa estranheza a possibilidade de revisão do contrato que teve seu fim frustrado.[291] Isso porque tal remédio "parece ser incompatível com a situação na qual o contrato perdeu sua finalidade prática, questão que não poderá ser adequadamente enfrentada pela modificação do conteúdo contratual".[292] Não obstante, pode-se vislumbrar a possibilidade de revisão do contrato na hipótese (deveras excepcional) de que a frustração atinja apenas uma parte da relação obrigacional. Nesse cenário, o juízo atuaria de forma a adaptar a parte do contrato que se manteve hígida, não sofrendo o efeito de ineficácia decorrente da frustração do fim do contrato.[293]

3.2 EFEITO RESTITUTÓRIO: VEDAÇÃO AO ENRIQUECIMENTO SEM CAUSA

Conforme visto acima, como regra geral, a frustração do fim do contrato conduz à ineficácia *ex nunc* da relação, de modo que as partes serão liberadas a partir da ocorrência do evento que conduziu à frustração, mantendo-se hígidas as prestações realizadas anteriormente.[294]

Na Alemanha, por exemplo, quando a revisão do contrato não for possível – lembre-se que esse é o remédio preferencial naquele

---

291. "A revisão de um contrato cujo fim restou frustrado afigura-se uma hipótese muito remota, pois não é fácil vislumbrar alguma situação em que um negócio jurídico que não tenha mais qualquer utilidade possa ser aproveitado com uma adaptação. Se a finalidade se perdeu, de que adiantaria modificar o contrato?" (COGO, Rodrigo Barreto. *A frustração do fim do contrato*. Rio de Janeiro: Renovar, 2012. p. 269).
292. SCHREIBER, Anderson. *Manual de direito civil contemporâneo*. São Paulo: Saraiva Educação, 2018. p. 499.
293. "Mesmo assim, em nome do princípio da conservação dos negócios jurídicos, se houver alguma possibilidade de revisão, entendemos que não há óbice ao seu reconhecimento." (COGO, Rodrigo Barreto. *A frustração do fim do contrato*. Rio de Janeiro: Renovar, 2012. p. 269).
294. "E não é esse o efeito que sempre produz a frustração, que, em frequentíssimas ocasiões, produz a ineficácia desde o momento em que acontece o evento frustrante, *ex nunc*, mantendo-se como bem feito o que foi realizado até o momento."
Tradução livre de: "*Y no es éste el efecto que siempre produce la frustración, sino que en frecuentísimas ocasiones produce la ineficacia desde el momento mismo en que acontece el evento frustrante, ex nunc, manteniéndose como bien hecho lo que hasta el momento ha sido realizado.*" (SANZ, Vicente Espert. *La frustración del fin del contrato*. Madri: Editorial Tecnos, 1968. p. 240).

ordenamento –, autoriza-se a extinção do contrato, a qual gerará efeitos *ex nunc* nos contratos de execução continuada. Nessa linha, a doutrina esclarece que, quando a adaptação do contrato não for possível ou razoável, deve-se "como último remédio, extinguir o contrato de forma retroativa, nos termos das normas aplicáveis à extinção previstas nos §§346 e seguintes do BGB (*Rücktrittsrechts*). No caso de um contrato para a execução de obrigações continuadas tal declaração de extinção só é possível com efeitos *ex nunc* (§314 do BGB)."[295]

No Brasil, de forma similar, a doutrina especializada anota que a regra geral é a de que "as prestações realizadas e pagas permaneçam boas e firmes, liberando-se as partes do cumprimento de prestações que ainda não venceram".[296] Tem-se, portanto, que a ineficácia do contrato afetará apenas as prestações futuras, mantendo-se hígidas as anteriores já adimplidas, de maneira a não afetar os efeitos do contrato produzidos antes do evento que conduziu à frustração.[297][298]

---

295. Tradução livre de: "(...) as a remedy of last resort, terminate the contract retroactively in accordance with the law on termination in §§346 et seq. BGB (Rücktrittsrechts). In the case of a contract for the performance of a continuing obligation such a declaration of termination is only possible with ex nunc effect (§314 BGB)." (RÖSLER, Hannes. Hardship in German Codified Private Law – In Comparative Perspective to English, French and International Contract Law. In: European Review of Private Law, v. 15, n. 4, 2007. p. 490).

296. COGO, Rodrigo Barreto. *A frustração do fim do contrato*. Rio de Janeiro: Renovar, 2012. p. 268. O autor vai além, afirmando que se o cumprimento do contrato não tiver se iniciado, "as partes devem retornar ao *status quo ante* à contratação, resolvendo-se o contrato. Se alguma parcela foi adiantada, deverá ser devolvida" (COGO, Rodrigo Barreto. *A frustração do fim do contrato*. Rio de Janeiro: Renovar, 2012. p. 268). Parece, no entanto, que, tendo uma prestação sido paga, o cumprimento do contrato, a rigor, já terá se iniciado.

297. A solução se coaduna com a antiga lição de Serpa Lopes no sentido de "se o término do contrato decorre de distrato ou da teoria dos riscos, os seus efeitos são *ex nunc*, isto é, *ad futurum*, jamais atingindo o pretérito" (LOPES, Miguel Maria de Serpa. *Curso de direito civil*: dos contratos em geral, v. 3, parte primeira. 2 Ed. Rio de Janeiro: Freitas Bastos, 1954. p. 179). Lembre-se que a teoria dos riscos diz respeito justamente às hipóteses de caso fortuito e força maior. A lógica parece se aplicar, por analogia, à hipótese objeto de estudo, tendo em vista que o evento que conduz à inalcançabilidade do fim também deriva de um risco não alocado a uma das partes, por lei ou por contrato.

298. Nesse particular, o regime é similar ao aplicável à resolução de contratos de execução continuada, em que o inadimplemento superveniente não altera o sinalagma relativo às prestações pregressas: "Inicialmente, cumpre delimitar a amplitude do efeito restitutório no âmbito de contratos de duração. A execução de um tal contrato pressupõe, necessariamente, certo arco temporal, pois o interesse de uma ou ambas as partes não pode ser satisfeito com a realização de ato pontual, mas requer que a prestação seja continuada ou periódica. O sinalagma se articula em uma sequência de prestações

Esclareça-se, contudo, que essa regra se aplica às prestações cujo correspectivo também tenha sido adimplido, cumprindo-se aquele sinalagma específico. É o que ocorre, por exemplo, com parcelas pregressas de aluguel devidamente pagas, referentes ao período em que o imóvel permaneceu alugado, antes da frustração do fim do contrato. Nesse caso, não há que se falar em devolução do aluguel ou retorno ao *status quo ante*.

Cumpre analisar, todavia, como serão tratadas as prestações que tenham sido total ou parcialmente cumpridas por uma das partes, sem que a respectiva contraprestação tenha sido adimplida. É o caso, por exemplo, de valores pagos antecipadamente por produto que seria entregue apenas em momento posterior ao que ocorreu a frustração do fim do contrato.

A matéria foi objeto de amplos debates na Inglaterra. A discussão se iniciou já no âmbito dos *coronation cases*, mais especificamente em *Chandler v. Webster*, em que a totalidade do preço do aluguel do apartamento já havia sido paga quando foi cancelado o cortejo de coroação do Rei Eduardo VII.[299] Embora tenha reconhecido a ocorrência de frustração do fim do contrato, a corte inglesa decidiu que "não haveria restituição de quaisquer pagamentos realizados antes do evento que gerou a frustração. Se algo tivesse sido feito (ou fosse devido) antes do evento que conduziu à frustração, isso não seria desfeito em razão da ocorrência do evento".[300]

Esse precedente disciplinou as regras restitutórias da frustração na Inglaterra por cerca de quarenta anos. Ou seja, durante esse

---

correspectivas cuja execução é distribuída ao longo do tempo com base no interesse dos contratantes. Dessa forma, se por determinado período o contrato é executado regularmente, o inadimplemento superveniente não altera o sinalagma relativo às prestações pregressas. No período em que o contrato é executado, o interesse das partes resulta plenamente satisfeito, e o inadimplemento posterior não compromete o equilíbrio entre as prestações já adimplidas, razão pela qual a resolução não afeta os efeitos produzidos." (TERRA, Aline de Miranda Valverde. *Cláusula resolutiva expressa*. Belo Horizonte: Fórum, 2017. p. 186)

[299] Para detalhada descrição deste grupo de casos, confira-se o item 1.1.1 deste trabalho.
[300] "(...) there would be no restitution for any payments made prior to the frustrating event. If something had been done (or was owing) prior to the frustrating event, it would not be undone by the occurrence of that event." (GOLDBERG, Victor. *After Frustration: Three Cheers for Chandler v. Webster*. Nova Iorque: Columbia Law School Working Paper, 2010. Disponível em: <http://ssrn.com/abstract=1703123>. Acesso em: 28 set. 2018. p. 2).

período, prevaleceu o entendimento de que quaisquer prestações cumpridas total ou parcialmente antes do evento frustrante – ainda que sem contraprestação – não poderiam ser restituídas ou devolvidas, mantendo-se hígidos os atos praticados até aquele momento.

Isso se alterou com o julgamento *Fibrosa Spolka Akcyjna v Fairbairn Lawson Combe Barbour, Ltd.*[301] Em julho de 1939, uma empresa polonesa encomendou de uma empresa inglesa algumas máquinas utilizadas no processo de tecer linho, a serem entregues dentro de três ou quatro meses. Mil libras foram pagas no ato da contratação. Sucede que, em setembro de 1939, a Polônia foi, como se sabe, invadida pela Alemanha e a Inglaterra, por sua vez, declarou guerra contra o país invasor. Em razão da guerra, o contrato restou frustrado[302] e a empresa polonesa foi a juízo para se ver ressarcida do valor pago.

Ao julgar o caso, a corte inglesa expôs, de forma contundente, que "é evidente que qualquer sistema jurídico civilizado está obrigado a estabelecer remédios para o que se chama enriquecimento ou benefício injusto, isto é, para prevenir que um indivíduo retenha de outro o valor ou o benefício que, de acordo com a consciência, ele não poderia reter".[303] Assim, concluiu, "não vejo fundamento válido para que o direito de ressarcimento de valores pagos não derive da frustração decorrente de eventos supervenientes, assim como ocorre na frustração em razão da destruição da coisa. A conclusão é que a decisão de *Chandler v. Weber* está errada e os Apelantes podem se ver ressarcidos por suas mil libras".[304]

---

301. INGLATERRA. Fibrosa Spolka Akcyjna v Fairbairn Lawson Combe Barbour, Ltd. [1943] A.C. 32. Disponível em: <http://www.bailii.org/uk/cases/UKHL/1942/4.html>. Acesso em: 28 set. 2018.
302. Não se analisará, no âmbito deste trabalho, se se trata propriamente de hipótese de frustração do fim do contrato ou de impossibilidade superveniente, tendo em vista que ambos institutos se encontram abarcados pela regra de frustração inglesa.
303. Tradução livre de: "*It is clear that any civilized system of law is bound to provide remedies for cases of what has been called unjust enrichment or unjust benefit, that is to prevent a man from retaining the money of or some benefit derived from another which it is against conscience that he should keep.*" (INGLATERRA. Fibrosa Spolka Akcyjna v Fairbairn Lawson Combe Barbour, Ltd. [1943] A.C. 32. Disponível em: <http://www.bailii.org/uk/cases/UKHL/1942/4.html>. Acesso em: 28 set. 2018.).
304. Tradução livre de: "*I can see no valid reason why the right to recover pre-paid money should not equally arise on frustration arising from supervening circumstances as it arises on frustration from destruction of a particular subject-matter. The conclusion is that the rule in Chandler v. Webster is wrong, and that the Appellants can recover their £1,000.*"

Ambos precedentes – *Chandler v. Webster* e *Fibrosa Spolka Akcyjna v Fairbairn Lawson Combe Barbour, Ltd.* – foram objeto de críticas pela doutrina inglesa, por se entender que o primeiro chancelava enriquecimento sem causa do contratante que reteve a parcela, enquanto o segundo poderia causar prejuízos ao vendedor que, sendo obrigado a devolver a integralidade do preço, já tinha incorrido em custos para a execução de sua prestação.[305]

Diante desse cenário, foi promulgado, em 1943, o *Law Reform (Frustrated Contracts) Act 1943*, por meio do qual do qual o legislador inglês disciplinou os efeitos da frustração, da seguinte forma:

(...) (2) Todos os valores pagos ou devidos a uma das partes, na forma do contrato, antes do momento em que as partes foram liberadas (referido, neste ato, como 'momento da extinção') devem, no caso dos valores pagos, ser ressarcidos por ela em dinheiro a ser pago à parte que efetuou os pagamentos e, no caso de valores devidos, deixarem de ser devidos:

Conquanto que, se a parte a quem os valores foram pagos ou eram devidos incorreu em despesas antes do momento da extinção para, ou para o propósito de, cumprir o contrato, a corte poderá, se considerar justo fazê-lo diante de todas as circunstâncias do caso, autoriza-lo a reter ou, se for o caso, recuperar todo ou parte do montante pagou o devido, desde que tal montante não exceda as despesas incorridas.

---

305. (INGLATERRA. Fibrosa Spolka Akcyjna v Fairbairn Lawson Combe Barbour, Ltd. [1943] A.C. 32. Disponível em: <http://www.bailii.org/uk/cases/UKHL/1942/4.html>. Acesso em: 28 set. 2018.).

"Nem a regra antiga, nem a nova foram consideradas satisfatórias: sob a regra antiga, o credor poderia enriquecer injustamente, mas sob a regra nova, ela poderia ter prejuízos, caso já tivesse incorrido em custos ao se preparar para cumprir a prestação (no caso Fibrosa, os vendedores já tinham incorrido em custos para construir as maquinas que não puderam ser entregues em razão da ocupação nazista na Polônia). Ademais, se o pagador tivesse recebido algo em troca, ele não poderia se ver ressarcido de qualquer valor pago, ainda que tivesse pago montante muito superior ao valor do que recebeu em troca."

Tradução livre de: "*Neither the old rule nor the new one was thought to be satisfactory: under the old rule, the payee might be unjustly enriched but under the new one he might be left out of pocket, if he had already incurred expenses in preparing to perform (in the Fibrosa case, the sellers had incurred costs in building the machinery which could not be delivered because of the Nazi occupation of Poland). Moreover, if the payer had received something in exchange, he would not recover any of the money paid, even if he had paid much more than the value of what he had received in return.*" (BEALE, Hugh et al. *Case, materials and text on contract law*. Oxford: Oregon, 2010. p. 1124).

(3) Quando qualquer das partes do contrato tiver, em razão de algo feito pela outra parte para, ou para o propósito de, cumprir o contrato, obtido benefício (que não o pagamento de valor ao qual o item anterior se aplica) antes do momento da extinção, a soma (se existir) será devida por ela à outra parte, não excedendo o valor do benefício obtido, conforme a corte considerar justo, considerando todas as circunstâncias do caso e, em particular:

(a) o valor de quaisquer despesas incorridas antes do momento da extinção pela parte beneficiada para, ou para o propósito de, cumprir o contrato, incluindo quaisquer valores pagos ou devidos por ela a qualquer outra parte, na forma do contrato, e retidos ou recuperáveis por esta parte na forma da última subseção; e

(b) o efeito, em relação a tal benefício, das circunstâncias que conduziram à frustração do contrato.[306]

Como se vê, o legislador inglês arquitetou as regras restitutórias da frustração de modo a evitar o enriquecimento sem causa de uma das partes. De acordo com essa sistemática, caso uma parte tenha pago parcelas sem a respectiva contraprestação, tais valores devem lhe ser integralmente restituídos. Da mesma forma, se uma parte tiver obtido benefícios – como a entrega de parte da mercadoria – sem pagar a respectiva contraprestação, ela poderá ser condenada a pagar tal valor, evitando seu enriquecimento sem causa.

---

306. Tradução livre de: "*(2)All sums paid or payable to any party in pursuance of the contract before the time when the parties were so discharged (in this Act referred to as "the time of discharge") shall, in the case of sums so paid, be recoverable from him as money received by him for the use of the party by whom the sums were paid, and, in the case of sums so payable, cease to be so payable:*

Provided that, if the party to whom the sums were so paid or payable incurred expenses before the time of discharge in, or for the purpose of, the performance of the contract, the court may, if it considers it just to do so having regard to all the circumstances of the case, allow him to retain or, as the case may be, recover the whole or any part of the sums so paid or payable, not being an amount in excess of the expenses so incurred.

(3)Where any party to the contract has, by reason of anything done by any other party thereto in, or for the purpose of, the performance of the contract, obtained a valuable benefit (other than a payment of money to which the last foregoing subsection applies) before the time of discharge, there shall be recoverable from him by the said other party such sum (if any), not exceeding the value of the said benefit to the party obtaining it, as the court considers just, having regard to all the circumstances of the case and, in particular,—

(a)the amount of any expenses incurred before the time of discharge by the benefited party in, or for the purpose of, the performance of the contract, including any sums paid or payable by him to any other party in pursuance of the contract and retained or recoverable by that party under the last foregoing subsection, and

(b)the effect, in relation to the said benefit, of the circumstances giving rise to the frustration of the contract."

Já no que diz respeito aos efeitos ressarcitórios – questão ainda mais dramática, que será abordada em maior detalhe no item a seguir –, a legislação inglesa dispõe que se uma das partes tiver incorrido em despesas para o cumprimento do contrato, sem que isso reverta em benefício para a outra parte, ela poderá ser autorizada pelo juízo a reter parte dos valores já recebidos ou a se ver ressarcida por tais custos, evitando, assim, que sobre ela recaia todo o ônus da ineficácia do contrato, alocando-se, de forma equitativa, as despesas incorridas pelos contratantes.[307]

Voltando aos efeitos puramente restitutórios, também vale rememorar a decisão proferida pela corte alemã no caso do fornecimento de furadeiras pneumáticas que seriam comercializadas na Alemanha oriental, mencionado no item 2.3. Lembre-se que, nessa hipótese, os julgadores tedescos decidiram que as partes foram liberadas do cumprimento de suas obrigações a partir do momento em que o fim do contrato se tornou inatingível, mas condenaram o comerciante a pagar ao fabricante o preço dos produtos já efetivamente produzidos. Em casos assim, a extinção da relação "não é imputável a nenhuma das partes, pois deriva de uma alteração de circunstâncias estranha à vontade delas; parece justo, por conseguinte, que a obrigação de restituição seja contida dentro dos limites do enriquecimento injustificado".[308]

No Brasil, essas circunstâncias são tuteladas à luz da vedação ao enriquecimento sem causa[309] ou, como preferem alguns, da proibição ao enriquecimento injusto.[310] Como ensina Castro Neves, "o ordena-

---

307. A discussão a respeito das despesas incorridas por uma das partes, mas que não verteram benefício à contraparte será abordada no próximo item deste capítulo.
308. SERRA, Adriano Paes da Silva Vaz. Resolução ou modificação dos contratos por alteração das circunstâncias. In: *Boletim do Ministério da Justiça*, v. 68, jul. 1957. p. 371-372.
309. Registre-se que a "causa" não é utilizada, neste particular, no sentido de causa enquanto função econômico-individual ou função concreta, mencionado neste trabalho, mas de contrapartida a justificar o enriquecimento. "Portanto, a contrapartida citada pela doutrina para caracteriza a justa causa é ligada à validade do negócio jurídico segundo a lei, ou, conforme Carvalho Santos, enriquecimento sem causa é aquele que se diz sem direito, ou seja, contrário ao ordenamento jurídico, ilegítimo." (NANNI, Giovanni Ettore. *Enriquecimento sem causa*. 2 Ed. São Paulo: Saraiva, 2010. p. 268).
310. Em recente trabalho sobre o tema, Rodrigo da Guia Silva, fazendo alusão à expressão cunhada por Orlando Gomes – giro conceitual do ato ilícito para o dano injusto –, defende um giro conceitual do enriquecimento sem causa ao enriquecimento injusto: "Adotadas todas as cautelas imprescindíveis a um raciocínio comparativo, talvez o

mento jurídico não admite o acréscimo do patrimônio de uma pessoa em detrimento da perda de patrimônio de outra, sem que ocorra uma causa jurídica que explique esse deslocamento econômico".[311]

Para que haja pretensão restitutória decorrente do enriquecimento sem causa, impõe-se a concretização dos seguintes requisitos: (i) o enriquecimento de uma pessoa, seja por meio de aumento patrimonial, diminuição de passivo ou vantagem não patrimonial; (ii) o empobrecimento de outra pessoa, que poderá consistir na diminuição de seu patrimônio ou em obstaculizar o seu aumento; (iii) que haja nexo de causalidade entre o enriquecimento à custa de outrem e o fato que gerou tal enriquecimento; e (iv) a ausência originária ou superveniente de justa causa para o enriquecimento.[312] Configurados estes requisitos e desde que não haja outros meios legais para ressarcir o empobrecido, será aplicável a disciplina dos artigos 884[313] e 885[314] do Código Civil, que autorizam a restituição do valor indevidamente auferido.

---

atual panorama metodológico reclame a promoção – à semelhança do verificado em sede de responsabilidade civil – de um giro conceitual do enriquecimento sem causa ao enriquecimento injusto. Desse modo, sem abandono da noção tradicional de justo título – que há de seguir como relevante indício da ponderação realizada em abstrato pelo legislador e que se reflete ou bem na previsão legal específica da restituição ou na legitimidade, a priori, de certo negócio jurídico à transmissão patrimonial – poder-se-ia complementar a investigação sobre a deflagração do dever de restituir mediante a consideração da tábua axiológica constitucional com destaque para os valores mais diretamente relevantes em cada hipótese fática. Promove-se, assim com especial, a premissa metodológica segundo a qual a concretização das cláusulas gerais – in casu, aquela referente ao dever de restituir – depende inexoravelmente da sua funcionalização à principiologia constitucional, afastando-se o arbítrio que poderia decorrer da aplicação das cláusulas gerais de modo alheio ao sistema que lhes confere legitimidade." (SILVA, Rodrigo da Guia. Enriquecimento sem causa: as obrigações restitutórias no direto civil. São Paulo: Thomson Reuters Brasil, 2018. p. 183-184).

311. NEVES, José Roberto de Castro. O enriquecimento sem causa: dimensão atual do princípio do direito civil. In: Princípios do direito civil contemporâneo (coord. MORAES, Maria Celina Bodin de). Rio de Janeiro: Renovar, 2006. p. 189.

312. Para análise detalhada destes requisitos, confira-se: NANNI, Giovanni Ettore. Enriquecimento sem causa. 2 Ed. São Paulo: Saraiva, 2010. p. 232-296.

313. "Art. 884. Aquele que, sem justa causa, se enriquecer à custa de outrem, será obrigado a restituir o indevidamente auferido, feita a atualização dos valores monetários.

Parágrafo único. Se o enriquecimento tiver por objeto coisa determinada, quem a recebeu é obrigado a restituí-la, e, se a coisa não mais subsistir, a restituição se fará pelo valor do bem na época em que foi exigido."

314. "Art. 885. A restituição é devida, não só quando não tenha havido causa que justifique o enriquecimento, mas também se esta deixou de existir."

Como anota Ettore Nanni, "não se pode olvidar que a causa, por variados motivos, embora presente no instante em que a relação obrigacional é firmada, pode posteriormente desaparecer."³¹⁵ É exatamente o que ocorre nos exemplos mencionados acima. Sobrevindo evento que torna inalcançável o fim do contrato, a relação obrigacional se tornará ineficaz. Com isso, as prestações total ou parcialmente cumpridas por uma das partes, mas sem a respectiva contraprestação, deixarão de ter justo título. Desse modo, deverão ser restituídas as prestações realizadas, sem o recebimento da respectiva contraprestação, até o momento em que ocorreu a frustração do fim do contrato, sob pena de enriquecimento sem causa da parte beneficiada.

Em suma, a ineficácia da relação obrigacional causada pela frustração do fim do contrato será, em regra, *ex nunc*, razão pela qual as prestações e respectivas contraprestações realizadas antes da frustração do fim do contrato permanecerão hígidas. No entanto, caso uma prestação tenha sido realizada sem a respectiva contraprestação antes do evento que conduzir à impossibilidade de se alcançar o fim do contrato, o devedor será liberado de realizar a respectiva contraprestação, mas deverá restituir a prestação antes recebida, em razão da vedação ao enriquecimento sem causa que vigora no ordenamento jurídico brasileiro.

A discussão dos efeitos da frustração do fim do contrato, porém, nem sempre se finda aqui. É possível que as partes tenham sofrido danos e, por exemplo, incorrido em custos que não verteram benefícios para a outra parte. A quem cabe arcar com tais prejuízos? É o que se verá a seguir.

3.3 EFEITO RESSARCITÓRIO

Como se sabe, quando a relação contratual é resolvida em razão do inadimplemento absoluto de uma das partes, cabe à parte inadimplente indenizar a contraparte pelos danos decorrentes do inadimplemento.³¹⁶ Mesmo porque, nas palavras de Rêgo Monteiro

---

315. NANNI, Giovanni Ettore. *Enriquecimento sem causa*. 2 Ed. São Paulo: Saraiva, 2010. p. 271.
316. "A resolução conduz ao retorno ao *status quo ante*, impondo aos contratantes a restituição do que houverem recebido por força do contrato e atribuindo ao inadimplente o dever de

Filho, "na responsabilidade civil contratual encontra-se presente dever específico, qual seja, o de cumprir a prestação avençada a uma pessoa determinada ou determinável".[317] Descumprido esse dever, nasce a obrigação de indenizar.

Essa lógica, a princípio, não se aplica à frustração do fim do contrato, na medida em que não há que se falar em descumprimento de dever contratual ou mesmo em ato ilícito. Do mesmo modo, não há nexo causal entre a conduta de uma parte e o dano eventualmente sofrido por outra, vez que, conforme sustenta a doutrina majoritária, para que a frustração do fim do contrato seja aplicável, a ineficácia da relação obrigacional deve ser causada por evento superveniente e alheio ao comportamento da parte que a invoca, conforme visto no segundo capítulo. Logo, como regra geral, não haverá que se falar em dever de indenizar decorrente da frustração do fim do contrato.

Vale registrar, entretanto, que é possível vislumbrar exceção a essa regra caso se admita a incidência da doutrina da frustração do fim do contrato quando a finalidade se tornar inalcançável em razão de evento causado pela atuação culposa de um dos contratantes – conforme se cogitou no item 2.5.[318] Reconhecendo-se a ineficácia da relação obrigacional nessa hipótese, aí sim seria cabível pretensão indenizatória do contratante inocente visando o ressarcimento pelos danos sofridos em razão da frustração do fim do contrato causada pelo contratante culpado.[319]

---

ressarcir o credor pelos prejuízos causados pelo inadimplemento. O efeito ressarcitório não se confunde, por conseguinte, com o efeito restitutório, ambos operam em esferas diferentes, mas complementares, de modo que somente sua atuação concomitante é capaz de conduzir as partes, efetivamente, ao estado anterior à celebração do contrato, como pretende a resolução. Sob o prisma funcional, o efeito ressarcitório visa reparar os danos que persistem mesmo após a restituição ao credor do que já havia prestado." (TERRA, Aline de Miranda Valverde. *Cláusula resolutiva expressa*. Belo Horizonte: Fórum, 2017. p. 200).

317. MONTEIRO FILHO, Carlos Edison do Rêgo. *Responsabilidade Contratual e Extracontratual: contrastes e convergências no direito civil contemporâneo*. Rio de Janeiro: Processo, 2016. p. 32.

318. Lembre-se que, como se viu no item 2.5 deste trabalho, a doutrina majoritária é avessa a tal possibilidade, exigindo que o evento que conduza à frustração seja alheio à atuação das partes.

319. De acordo com Larenz: "Se o credor deve responder pela desaparição do substrato da prestação ou pela impossibilidade de alcançar o fim (por exemplo, no caso da igreja destruída para a que se havia encomendado uma porta), ou se o obstáculo para a utilização se baseia em motivos que afetam a sua pessoa ou a sua esfera de influência (até o

3 • EFEITOS DA FRUSTRAÇÃO DO FIM DO CONTRATO

Salvo essa possível exceção, os danos são causados não por atos dos contraentes, mas por circunstâncias alheias à sua vontade. Em diversos casos estudados, inclusive, a frustração do fim do contrato decorreu de evento que se qualificaria como caso fortuito ou força maior, o que, por si só, configuraria excludente de causalidade.[320] Assim, como regra geral, não haverá que se falar em dever de indenizar quando a finalidade do contrato se tornar inalcançável.[321]

Não obstante, a questão se torna bem mais complexa quando se analisa a situação dos custos efetivamente incorridos por uma das partes para o cumprimento do contrato, mas que não chegaram a verter benefícios ou enriquecimento para a contraparte.

Imagine-se a hipótese de sonda que estava sendo fabricada para posterior entrega ao comprador. Frustrado o fim do contrato e extinta a relação obrigacional, o fabricante será liberado da obrigação de

---

limite da força maior), o credor tem que pagar o convencionado com as limitações que, em seu caso, derivam dos §§ 615 e 649 do Código Civil e, por conseguinte, suporta o risco em toda a sua amplitude."
Tradução livre de: "*Si el acreedor ha de responder de la desaparición del substrato de la prestación o de la imposibilidad de alcanzar la finalidad (por ejemplo, en el caso de la iglesia destruida para la que se había encargado una puerta), o si el obstáculo para la utilización se basa en motivos que afectan a su persona o a su esfera de influencia (hasta el limite de la 'fuerza mayor'), el acreedor tiene que pagar lo convenido con las limitaciones que, en su caso, se derivan de los §§ 615 y 649 del Código civil y, por consiguiente, soporta el riesgo en toda su amplitud.*" (LARENZ, Karl. *Base del negocio jurídico y cumplimiento de los contratos*. Madrid: Editora Revista de Derecho Privado, 1956. p. 191).

320. "Admite-se, tradicionalmente, que o nexo de causalidade pode ser interrompido pela intervenção de fatores estranhos à cadeia causal, desde que aptos a romper o liame de causalidade inicial entre a atividade do agente e o dano. Como excludentes de causalidade – e consequentemente, de responsabilidade – apontam-se três categorias fundamentais: (i) o caso fortuito ou força maior; (ii) a culpa exclusiva da vítima; e (iii) o fato de terceiro." (SCHREIBER, Anderson. *Novos paradigmas da responsabilidade civil*: da erosão dos filtros da reparação à diluição dos danos. 6 Ed. São Paulo: Atlas, 2015. p. 68).

321. Tratando da diferença entre a extinção do contrato por impossibilidade superveniente e onerosidade excessiva e a resolução por inadimplemento contratual, Roppo registra: "Nos dois casos apontados [impossibilidade superveniente e onerosidade excessiva], as consequências legais esgotam-se nessa repartição de riscos. Não assim, quando o contrato se resolve por não cumprimento. Em tal hipótese, com efeito, a falha da funcionalidade da operação contratual, a falha da realização de troca, não dependem já – como naqueles casos – de circunstâncias subtraídas a qualquer possibilidade de previsão, de influência e de controlo das partes, ou, seja como for, totalmente estranhas à sua esfera, mas dependem, ao invés, da má vontade, negligência ou imperícia de uma delas, ou, em todo caso, de acontecimentos que, a algum título lhe podem ser imputados." (ROPPO, Enzo. *O contrato*. Coimbra: Almedina, 1988. p. 271-272).

construir a sonda, enquanto o comprador será liberado do dever de pagar o preço. Todavia, o fabricante pode já ter incorrido em consideráveis custos para projetar e iniciar a construção da sonda. Tais prejuízos não geraram qualquer espécie de benefício ao comprador, razão pela qual não há que se falar em enriquecimento sem causa, afastando-se a solução da matéria por meio da aplicação dos artigos 884 e 885 do Código Civil, mencionados no item anterior. Nesse caso, quem deverá arcar com os custos incorridos pelo fabricante?

A toda evidência, trata-se de questão atinente aos riscos do negócio. João Baptista Machado, em sua Obra Dispersa, ensina que "as duas grandes regras sobre a distribuição do risco contratual dizem-nos que o devedor corre o 'risco da prestação' e o credor corre o 'risco da utilização'".[322] No risco de utilização está abarcada a impossibilidade de o credor utilizar a prestação recebida para o fim que pretendia, isto é, o risco de não se atingir a finalidade visada individual e internamente pelo credor, que não chegou a integrar o fim do contrato.[323]

Já "no risco de prestação são abrangidos o do agravamento do custo ou das dificuldades da prestação, enquanto esta se mantém possível *in natura*, o da perda do direito à contraprestação e o da perda dos dispêndios e esforços feitos com vista à prestação, quando esta se torne impossível".[324] Tanto é assim que, tornando-se impossível a prestação, o devedor perde não só a contraprestação, como também

---

322. MACHADO, João Baptista. Risco contratual e mora do credor (risco da perda do valor-utilidade ou do rendimento da prestação e de desperdício da capacidade de prestar vinculada). In: *Obra dispersa*, v. I (MACHADO, João Baptista). Braga: Scientia Iuridica, 1991. p. 274.
323. "O risco de utilização da prestação, que recai sobre o credor, traduz-se em a prestação não servir para o fim a que este a destinava, ou não poder ele utilizá-la para esse ou outro fim, por se ter malogrado o seu plano de aplicação da mesma." (MACHADO, João Baptista. Risco contratual e mora do credor (risco da perda do valor-utilidade ou do rendimento da prestação e de desperdício da capacidade de prestar vinculada). In: *Obra dispersa*, v. I (MACHADO, João Baptista). Braga: Scientia Iuridica, 1991. p. 274).
324. MACHADO, João Baptista. Risco contratual e mora do credor (risco da perda do valor-utilidade ou do rendimento da prestação e de desperdício da capacidade de prestar vinculada). In: *Obra dispersa*, v. I (MACHADO, João Baptista). Braga: Scientia Iuridica, 1991. p. 274.

os lucros que auferiria com aquele negócio e os eventuais custos incorridos em preparação ao ato de prestar.[325]

Segundo o autor, a situação é, todavia, diversa na frustração do fim do contrato,[326] na medida em que esta representa um risco comum das partes.[327] É por isso que Larenz sustenta que o regime aplicável à impossibilidade superveniente da prestação não pode ser transportado para a frustração do fim do contrato. De acordo com ele, o evento afeta ambas as partes e, assim sendo, não é justo que o risco da frustração do fim do contrato seja suportado exclusivamente por uma delas.[328] Logo, "é justo que nenhuma das partes obtenha qual-

---

325. "Mas se a prestação correspondente (ou seja, o ato de prestar enquanto tal, prescindo de seu substrato) se torna impossível para o devedor por motivos pelos quais ele não é responsável, o devedor perde, conforme o § 323 do Código Civil, sua contraprestação. Neste caso, o devedor perde não só todos os lucros que poderia obter do contrato, mas também todos os gastos realizados e que então resultaram inúteis. Portanto, suporta o risco do contrato em toda a sua amplitude."
Tradução livre de: *"Pero si resulta imposible para el deudor la prestación correspondiente (o sea, el acto de prestación en cuanto tal, prescindiendo de su substrato) por motivos de los que no es responsable, el deudor pierde, conforme al § 323 del Código civil, su contraprestación. En este caso, el deudor no sólo pierde todas las ganancias que hubiese podido obtener del contrato, sino también los gastos hechos que luego resultaron inútiles. Por tanto, soporta el riesgo contractual en toda su amplitud."* (LARENZ, Karl. *Base del negocio jurídico y cumplimiento de los contratos.* Madrid: Editora Revista de Derecho Privado, 1956. p. 191).
326. "Só que, no primeiro caso, o conceito de impossibilidade está referido à possibilidade de prestar, ao passo que, no segundo, ele é função do fim do programa obrigacional – o que implica uma diferente distribuição de risco contratual." (MACHADO, João Baptista. Risco contratual e mora do credor (risco da perda do valor-utilidade ou do rendimento da prestação e de desperdício da capacidade de prestar vinculada). In: *Obra dispersa,* v. I (MACHADO, João Baptista). Braga: Scientia Iuridica, 1991. p. 307).
327. Se valendo da lição de Baptista Machado, Cogo esclarece: "Nesses casos, sustenta o autor, talvez se deva dizer que a frustração do fim representa um risco comum. As regras de impossibilidade, portanto não cobrem as hipóteses de frustração do fim do contrato, até porque não estamos tratando de impossibilidade (da prestação)." (COGO, Rodrigo Barreto. *A frustração do fim do contrato.* Rio de Janeiro: Renovar, 2012. p. 261).
328. "Porém não é justo que suporte todo o risco em igual medida nos casos de frustração da finalidade. Mesmo quando se admite que o credor rechace a prestação inútil e denegue a contraprestação, seria excessivo fazer recair sobre aquele que procurou cumprir o contrato todos os gastos devidamente realizados. Aqui se trata, como vistos ao examinar a doutrina inglesa, de um contratempo que afeta de igual forma ambas as partes."
Tradução livre: *"Pero no es justo que soporte el riesgo en igual medida en los casos de frustración de la finalidad. Aun cuando ha de admitirse que el acreedor rechace la prestación inútil y deniegue la contraprestación, sería excesivo hacer recaer sobre el que ha procurado cumplir el contrato todos los gastos debidamente realizados. Aquí se trata, como vimos al examinar la doctrina inglesa, de un contratiempo que afecta por igual a ambas partes."*

quer vantagem do contrato, porém, não o é, em contrapartida, que a parte diligente perca, junto com a sua pretensão de remuneração, a indenização de seus gastos".[329]

Embora a premissa esteja correta, é preciso questionar a conclusão final do autor tedesco. Se a frustração do fim do contrato representa um risco comum das partes, não parece a solução mais adequada obrigar o credor, como regra geral, a indenizar o devedor por todos os custos incorridos com o objetivo de realizar a prestação. Seguindo essa linha, deve-se priorizar uma solução de repartição dos custos, evitando-se imputar exclusivamente a uma das partes o ônus da frustração do fim do contrato.

Como se viu no item 3.2 acima, o legislador inglês optou pela distribuição equitativa de tais custos. Com efeito, o *Law Reform (Frustrated Contracts) Act 1943* determina que o julgador deverá, se "considerar justo fazê-lo diante de todas as circunstâncias do caso", autorizar o contratante a reter parte do pagamento recebido ou efetivamente receber parte do pagamento que já era devido, mas não foi efetivamente realizado, como forma de indenização por tais custos. A lei não dispõe acerca de qual será a solução caso o credor não tenha ou não devesse ter antecipado parte do preço.

Como adverte Treitel, "em nenhum caso o valor que poderá ser retido ou recuperado em razão de despesas poderá exceder o valor que foi pago ou era devido nos termos do contrato antes do momento da extinção, tampouco poderá exceder o valor de tais despesas".[330] Assim, não há a possibilidade de indenização por tais despesas caso não tenha havido um pré-pagamento ou, pelo menos,

---

(LARENZ, Karl. *Base del negocio jurídico y cumplimiento de los contratos*. Madrid: Editora Revista de Derecho Privado, 1956. p. 191-192).

329. Tradução livre: "*justo es que ninguna de ellas obtenga ventaja alguna del contrato; pero no lo es, en cambio, que la parte diligente pierda, junto con su pretensión de remuneración la indemnización de sus gastos.*" (LARENZ, Karl. *Base del negocio jurídico y cumplimiento de los contratos*. Madrid: Editora Revista de Derecho Privado, 1956. p. 191-192).

330. Tradução livre de: "*In neither case can the amount which may be retained or recovered in respect of expenses exceed the amount which was paid or payable in pursuance of the contract before the time of discharge, nor can it exceed the amount of the expenses.*" (TREITEL, Sir Guenter. *Frustration and force majeure*. 3 Ed., Londres: Thomson Sweet & Maxwell, 2014. p. 611).

que este pré-pagamento não fosse devido no momento em que o contrato restou frustrado.[331]

O direito alemão, conforme já mencionado, também prioriza uma solução de distribuição dos custos incorridos. A questão foi objeto de discussão nos tribunais no âmbito de caso julgado em 1947 pelo Tribunal de Apelação da Suttgart.[332] Durante a Segunda Guerra Mundial, a empresa requerida nesta demanda fornecia armas ao exército alemão. A requerente, por sua vez, fabricava marcos de madeira, com características específicas, e os inseria em aparatos elétricos produzidos pela requerida. Embora não houvesse contrato escrito entre as partes, o preço era pago pela requerida periodicamente. Com a derrota da Alemanha na guerra, o exército deixou de adquirir as armas e realizar pagamentos à requerida.

O Tribunal entendeu que houve o desaparecimento da base do negócio celebrado entre as partes e que "a boa-fé exige liberar a requerida dos contratos já concluídos, que a requerente não havia começado a executar. Sem embargo, não se pode dizer o mesmo daqueles que a requerente havia começado a executar, e que, para tanto, já havia realizado gastos".[333] A decisão é criticada por Larenz, para quem o Tribunal se equivocou ao impor ao comprador todo o risco da relação, determinando a manutenção do vínculo e o cumprimento integral do contrato, quando deveria ter fixado indenização a ser paga à requerente por seus gastos.[334]

---

331. "Não já poder para conferir um abono ou uma ordem em relação às depesas quando não houver pré-pagamento ou qualquer previsão de pré-pagamento. Portanto, essas previsões não se aplicariam a fatos de casos como *Taylor v. Caldwell.*"
Tradução livre de: "*There is no power to make an allowance or award in respect of expenses where there was neither prepayment nor any stipulation of prepayment. Thus the proviso would not apply on facts such as those of Taylor v. Caldwell.*" (TREITEL, Sir Guenter. *Frustration and force majeure.* 3 Ed., Londres: Thomson Sweet & Maxwell, 2014. p. 611).
332. O caso é citado por Larenz: LARENZ, Karl. *Base del negocio jurídico y cumplimiento de los contratos.* Madrid: Editora Revista de Derecho Privado, 1956. p. 15-19.
333. Tradução livre de: "*la buena exige liberar a la demandada de aquellos contratos ya concluidos que la demandante no había comenzado a ejecutar. Sin embargo, no puede decirse lo mismo de aquellos contratos que la demandante había comenzado a ejecutar, y para cuya ejecución ya se habían hecho gastos.*" (LARENZ, Karl. *Base del negocio jurídico y cumplimiento de los contratos.* Madrid: Editora Revista de Derecho Privado, 1956. p. 17).
334. "O tribunal, entretanto, vacilou ao impor ao fabricante todo o risco do contrato e não soube fundamentar juridicamente a seguinte decisão (que estaria muito próxima da solução que propomos): conceder ao requerente, ao invés do cumprimento integral do contrato, a indenização de seus gastos."

Atualmente, o legislador alemão positivou no § 313 do BGB a possibilidade de adaptação, com vistas a garantir uma divisão justa dos riscos entre as partes, o que poderá ou não incluir o pagamento de indenização de uma parte a outra, a depender do caso concreto. Como anota a doutrina, "a adaptação deve proporcionar uma divisão justa do risco entre as duas partes. O método específico de adaptação depende das circunstâncias do caso".[335]

Soluções diversas já foram aplicadas à luz das circunstâncias do caso concreto, sendo certo que "os tribunais já dividiram os prejuízos entre as partes, adaptaram o preço do contrato com base em possibilidade de uso alternativo do objeto contratual e deixaram de lado o contrato em contrapartida a uma compensação".[336] Com efeito, "apenas em casos excepcionais foi permitido à parte prejudicada extinguir o contrato sem qualquer indenização. Isso só é legítimo se a outra parte não tiver suportado um grande ônus em razão da extinção do contrato ou se circunstâncias não usuais justificarem que a outra parte deve suportar o risco de forma exclusiva".[337]

Verifica-se, portanto, que ordenamentos jurídicos como o inglês e o alemão caminharam jurisprudencialmente para soluções que prestigiam a distribuição dos custos entre as partes. Considerando que, em regra, a frustração do fim do contrato representa risco comum

---

Tradução livre de: "*El tribunal, sin embargo, ha vacilado en imponer al fabricante todo el riesgo del contrato y no ha sabido fundamentar legalmente la decisión siguiente (que estaría muy próxima a la solución que proponemos): conceder al demandante, en lugar del cumplimento íntegro del contrato, la indemnización de sus gastos.*" (LARENZ, Karl. *Base del negocio jurídico y cumplimiento de los contratos*. Madrid: Editora Revista de Derecho Privado, 1956. p. 19).

335. Tradução livre de: "*The adaptation is supposed to provide for a fair risk division between the two parties. The specific method of adaptation depends upon the circumstances of the case.*" (HONDIUS, Ewoud e GRIGOLEIT, Hans Cristoph. *Unexpected circumstances in European Contract Law*. Cambridge: Cambridge University Press, 2011. p. 302).

336. Tradução livre de: "*The courts have divided the damage between the parties, adapted the contract price on the basis of an alternative use of the contractual subject matter or set aside the contract in return for compensation.*" (HONDIUS, Ewoud e GRIGOLEIT, Hans Cristoph. *Unexpected circumstances in European Contract Law*. Cambridge: Cambridge University Press, 2011. p. 302).

337. Tradução livre de: "*Only in exceptional cases was the disadvantaged party allowed to avoid the contract without any indemnity. This is only legitimate if the other party is not severely burdened by the avoidance of the contract or if unusual circumstances justify that the other party bear the risk exclusively.*" (HONDIUS, Ewoud e GRIGOLEIT, Hans Cristoph. *Unexpected circumstances in European Contract Law*. Cambridge: Cambridge University Press, 2011. p. 302).

e alheio à vontade dos contratantes, parece correta a conclusão de que os custos efetivamente incorridos para a execução da prestação devem ser equitativamente repartidos entre as partes, à luz dos princípios aplicáveis e das circunstâncias do caso concreto. Tal solução pode ser transposta para a experiência jurídica brasileira.

Evidentemente, ideal seria contar com norma jurídica expressa que disciplinasse a distribuição dos custos na frustração do fim do contrato. Não obstante, diante da ausência de norma legal a esse respeito no ordenamento jurídico brasileiro, não se pode deixar o problema sem resposta. Daí a necessidade de um esforço interpretativo que busque solução adequada para tratar dos efeitos da frustração do fim do contrato nos diferentes casos concretos a que o instituto se aplica.

Nesse sentido, convém registrar que o legislador brasileiro prestigia soluções equitativas para situações de manifesta desproporção entre as partes em relações obrigacionais. Exemplo disso é o artigo 317 do Código Civil, o qual dispõe que "quando, por motivos imprevisíveis, sobrevier desproporção manifesta entre o valor da prestação devida e o do momento de sua execução, poderá o juiz corrigi-lo, a pedido da parte, de modo que assegure, quanto possível, o valor real da prestação". Ainda no intuito de proteger as partes de desproporções excessivas, o artigo 413 do Código Civil autoriza a redução equitativa da cláusula penal "se o montante da penalidade for manifestamente excessivo, tendo-se em vista a natureza e a finalidade do negócio".

Embora não se apliquem diretamente à hipótese fática objeto de estudo, tais dispositivos legais são indicativos do tratamento equitativo dado pelo Código Civil brasileiro a diferentes situações de desproporção econômica entre as partes, que revelam, em última análise, um afastamento do postulado da proporcionalidade nas relações obrigacionais. Nessa esteira, ensina Perlingieri:

> Institutos como a rescisão por lesão e a resolução por excessiva onerosidade ou a introdução jurisprudencial do princípio da proporcionalidade da entidade da cláusula penal ao concreto complexo de interesses configuram-se com precursores de uma mesmo que tímida e excepcional necessidade de evitar desproporções macroscópicas a favor de quem não as "merece". Hoje (...) passou a fazer parte especialmente em matéria contratual o princípio da

proporcionalidade. Esse, abrigando e concretizando também princípios e valores de relevância constitucional – de observância imperativa não somente para os contratos de empresa no âmbito dos quais vigora também o princípio do não abuso da posição dominante, mas para o pleno desenvolvimento de toda a autonomia negocial (como a solidariedade, o respeito à dignidade da pessoa etc.) –, destina-se a incidir profundamente sobre a moderna concepção do contrato que, desse modo, se distancia definitivamente da tradicional interpretação voluntarista do princípio *pacta sunt servanda*.[338]

Na frustração do fim do contrato, caso se admitisse que a totalidade dos custos incorridos para o cumprimento da prestação fosse imputada integralmente ao credor ou ao devedor, haveria manifesta desproporção entre os ônus econômicos que recairiam sobre as partes em virtude da concretização de um risco que, como já visto na lição de João Baptista Machado, é comum a ambos os contratantes, assentando em um evento superveniente alheio à sua vontade.

A situação não deixa, como já antevia Larenz, de se assemelhar, em alguma medida, ao desequilíbrio contratual. Diante da ausência de norma expressa, portanto, deve-se prestigiar solução equitativa[339] no

---

338. Tradução livre de: "*Istituti quali la rescissione per lesione e la risoluzione per eccessiva onerosità o la introduzione giurisprudenziale del principio di proporzionalità dell'entità della clausola penale al concreto assetto di interessi, si configurano come gli antesignani di una sia pur timida ed eccezionale necessità di evitare sproporzione macroscopiche a favore di chi non le 'merita'. Oggi (...) è entrato a far parte specie in materia contrattuale il principio di proporzionalità. Esso, assecondando e attuando anche principi e valori di rilevanza costituzionale – impegnativi non soltanto per i contratti di impresa dove vige anche il principio del non abuso della posizione dominante, ma per il pieno svolgimento dell'intera autonomia negoziale (quali la solidarietà, il rispetto della dignità della persona, ecc.) –, è destinato ad incidere profondamente sulla moderna concezione del contratto che in tal modo si allontana definitivamente dalla tradizionale voluntaristica interpretazione del principio pacta sunt servanda.*" (PERLINGIERI, Pietro. *Il diritto dei contratti fra persona e mercato – Problemi del diritto civile*. Nápoles: Edizioni Scientifiche Italiane, 2003. p. 429-430).

339. Segundo Maria Helena Diniz, "do que foi exposto infere-se a inegável função da equidade de suplementar a lei, ante as possíveis lacunas. No nosso entender, a equidade é elemento de integração, pois consiste, uma vez esgotados os mecanismos previstos no art. 4º da Lei de Introdução ao Código Civil, em restituir à norma, a que acaso falte, por imprecisão de seu texto ou por imprevisão de certa circunstância fática, a exata avaliação da situação a que esta corresponde, a flexibilidade necessária à sua aplicação, afastando por imposição do fim social da própria norma o risco de convertê-la num instrumento iníquo." (DINIZ, Maria Helena. *Lei de introdução ao Código Civil brasileiro interpretada*. 12 Ed. São Paulo: Saraiva, 2007. p. 141) Também digno de nota o entendimento do Superior Tribunal de Justiça: "A proibição de que o juiz decida por equidade, salvo quando autorizado por lei, significa que não haverá de substituir a aplicação do direito objetivo por seus critérios pessoais de justiça não há de ser entendida, entretanto, como

que diz respeito à distribuição dos custos incorridos para a execução da prestação,[340] solução que poderia ser alcançada pela aplicação analógica do artigo 317 do Código Civil, por identidade de *ratio*.

Conclui-se, portanto, que, na maior parte dos casos, não haverá que se falar em dever de indenizar decorrente da frustração do fim do contrato. Não obstante, considerando que a impossibilidade de alcançar o fim contratual constitui risco comum das partes, os custos efetivamente incorridos para a execução do objeto do contrato deverão ser objeto de repartição entre os contratantes, com eventual ressarcimento parcial de parte a parte, a depender das circunstâncias do caso concreto.

---

vedando se busque alcançar a justiça no caso concreto, com atenção ao disposto no artigo 5º da lei de introdução." (BRASIL. Superior Tribunal de Justiça. *REsp 48176/SP*. Relator: Eduardo Ribeiro. Julgamento: 12.12.1995).

340. De acordo com Cogo: "Essa autonomia da distribuição contratual dos riscos, a ser feita com critérios próprios, poderia se valer, analogicamente, das regras aplicáveis a tipos contratuais específicos (empreitada, locação, prestação de serviços, etc.) ou de outros dispositivos que, também por analogia, se ajustassem ao caso concreto (gestão de negócios e enriquecimento sem causa, por exemplo), sem precisar recorrer, necessariamente, às regras de impossibilidade, que não fornecem uma solução adequada às particularidades da *fattispecie* da frustração do fim do contrato. A análise do caso concreto será decisiva à determinação das consequências, que também não são tão amplas e variadas como pode parecer, girando boa parte das dúvidas em torno do ressarcimento das despesas já incorridas para o cumprimento do contrato cujo fim se frustrou." (COGO, Rodrigo Barreto. *A frustração do fim do contrato*. Rio de Janeiro: Renovar, 2012. p. 261-262)

Conclusão

Como visto ao longo deste livro, a frustração do fim do contrato é instituto de inegável utilidade prática, tutelando circunstâncias que não são abarcadas por figuras semelhantes já positivadas no ordenamento brasileiro. Do presente trabalho é possível extrair as seguintes conclusões acerca dos temas tratados:

SOBRE OS ANTECEDENTES TEÓRICOS E DESENVOLVIMENTO DA FRUSTRAÇÃO DO FIM DO CONTRATO:

1. A doutrina da frustração do fim do contrato se desenvolveu no direito inglês a partir de um grupo de casos conhecido como *coronation cases*, em que os tribunais reconheceram – desde que presentes determinados requisitos – a possibilidade de extinção de um contrato não apenas diante da impossibilidade de cumprimento da prestação, mas também em casos em que, embora o cumprimento da prestação ainda seja possível, a alteração das circunstâncias leva ao desaparecimento da base do contrato.

2. Na tradição romano-germânica, a origem histórica da frustração do fim do contrato é normalmente identificada com a teoria da pressuposição, desenvolvida por Bernard Windscheid em meados do Século XIX. Para o autor, a pressuposição seria uma condição não desenvolvida e não expressamente prevista na avença, mas que serviria de pressuposto para o contrato e à qual se subordinaria a eficácia do contrato. A teoria da pressuposição exerceu influência considerável e chegou a ser incluída no §742 da primeira versão do Código Civil alemão (BGB), mas foi excluída na segunda versão, após duras críticas de Lenel. Anos depois, ao comentar a polêmica em torno da teoria da pressuposição, Windscheid afirmou que "posta de fora pela porta, ela voltará pela janela". E, de fato, apesar de duramente criticada, a teoria da pressuposição rapidamente voltou às discussões doutrinárias e jurisprudenciais.

3. A partir de diversas construções doutrinárias e jurisprudências, Karl Larenz escreveu a obra *Geschäftsgrundlage und Vertragserfüllung* em esforço para compatibilizar as diferentes teorias existentes, tratando a base subjetiva e a base objetiva como hipóteses fáticas diversas que geram consequências jurídicas igualmente diversas. Segundo o autor, a quebra da base objetiva do negócio poderia ocorrer em dois casos: (i) a destruição da relação de equivalência entre as partes; ou (ii) a impossibilidade de alcançar o fim do contrato, autorizando-se, nessas hipóteses, a modificação ou extinção do vínculo contratual.

4. Atualmente, a frustração do fim do contrato é aplicada em diversas experiências jurídicas como forma de resolver questões específicas, cuja solução não foi possível por meio da aplicação de institutos jurídicos tradicionais, já anteriormente consolidados naqueles ordenamentos. Embora seja predominantemente tratada como construção doutrinária e jurisprudencial, a frustração do fim do contrato foi positivada em alguns ordenamentos jurídicos, como a Alemanha e a Argentina.

SOBRE O CONCEITO, UTILIDADE E FUNDAMENTO DA FRUSTRAÇÃO DO FIM DO CONTRATO:

5. A doutrina e jurisprudência italiana e, seguindo essa linha, parcela da doutrina brasileira identifica a finalidade do contrato com a sua causa entendida como função econômico-individual do negócio, isto é, a síntese dos efeitos essenciais que o contrato está concretamente destinado a satisfazer. Já a doutrina hispânica, em linha com a lição de Larenz, identifica a finalidade com o propósito ao qual o contrato serve na vida real.

6. A partir dos contornos teóricos elaborados pela estrangeira e pátria, constatou-se que frustração do fim do contrato é remédio que conduz à ineficácia do vínculo obrigacional quando a finalidade objetiva do contrato – compreendida como a finalidade comum das partes, que tenha sido levada em conta ao determinar o conteúdo do contrato – se tornar inalcançável, embora a prestação ainda seja possível.

7. A frustração do fim do contrato não se confunde com a impossibilidade da prestação, tendo em vista que a sua nota distintiva é justamente a de que a prestação permaneça possível, não obstante a sua finalidade tenha se frustrado. Além disso, os efeitos dos institutos são diversos.

8. Também não há identidade entre a doutrina ora objeto de estudo e a condição, eis que, ao estabelecer uma condição, os contraentes partem da incerteza acerca do evento, enquanto nas hipóteses que caracterizam a frustração do fim, as partes pressupõem certo estado fático, partindo da certeza de que tal estado acontecerá ou subsistirá. Tem-se, ainda, que enquanto a condição é uma modalidade do negócio jurídico, a frustração do fim do contrato é uma vicissitude que conduz à ineficácia do negócio.

9. Em relação ao erro, verifica-se que a causa da ineficácia gerada pelo erro surge no momento da formação da vontade contratual – tanto é assim que se trata de defeito do negócio jurídico. Já ineficácia gerada pela frustração do fim do contrato ocorre após a contratação, em razão de evento superveniente.

10. A frustração do fim do contrato também não se confunde com o desequilíbrio contratual superveniente, na medida em que não se caracteriza pela desproporção dos impactos econômicos do contrato, e sim pela superveniente impossibilidade de alcançar o escopo contratual perseguido pelas partes.

11. O caso fortuito ou de força maior é fato necessário, cujos efeitos não era possível evitar ou impedir que poderá conduzir à impossibilidade superveniente da prestação. A frustração do fim do contrato, por sua vez, pode ser causada por situação concreta que juridicamente se qualificaria como caso fortuito ou de força maior.

12. A inexistência de dispositivo legal específico acerca da frustração do fim do contrato no ordenamento pátrio não constitui obstáculo para o seu reconhecimento no Brasil. Na realidade, o instituto surgiu e se desenvolveu como uma construção doutrinária e jurisprudencial em diversas experiências jurídicas estrangeiras.

13. Diante da relevância atualmente conferida pela civilistica pátria à função dos negócios e atos jurídicos, é evidente a relevância da frustração do fim do contrato enquanto instituto que tutela a impossibilidade de se alcançar a função concreta do negócio em razão de evento superveniente. Não obstante, o instituto também encontra guarida no ordenamento jurídico brasileiro com base no princípio da boa-fé objetiva, que impõe às partes o dever de observar a finalidade concreta efetivamente almejada com aquele negócio jurídico.

SOBRE OS REQUISITOS PARA APLICAÇÃO DA FRUSTRAÇÃO DO FIM DO CONTRATO:

14. A frustração do fim do contrato é instituto de aplicação residual, de modo que não será aplicável caso a finalidade se torne inatingível, mas a hipótese concreta se enquadre na disciplina legal de outras figuras jurídicas.

15. Afirma-se, de forma geral, que o cenário mais comum de aplicação do instituto é o contrato bilateral, oneroso, comutativo e de execução diferida ou continuada. Todavia, embora o fenômeno realmente se apresente, com maior frequência nesses casos, verificou-se, a partir de análise da classificação dos contratos, que não parece haver, ao menos de antemão, impeditivo para a sua aplicação a outras categorias contratuais. É importante resistir à tentação de afirmar categoricamente que o instituto não é remédio cabível a determinadas categorias abstratas e estruturais de contratos, devendo-se, ao revés, priorizar uma análise funcional diante do caso concreto.

16. A maior parte da doutrina sustenta que para que o instituto seja aplicável a determinado caso concreto impõe-se que a execução do escopo contratual não tenha sido integralmente satisfeita, podendo estar em curso ou sequer ter se iniciado. Entretanto, defendeu-se que não poderá a parte que já recebeu a prestação contratada se valer da frustração do fim do contrato, uma vez que seu interesse já terá sido satisfeito quando da ocorrência do evento superveniente.

17. Ademais, impõe-se que o fim do contrato se torne inatingível. Embora não se exija que esteja expressamente prevista na avença, impõe-se que a finalidade tenha sido levada em conta por ambas partes ao determinar o conteúdo do contrato.

18. A partir da análise de diversos julgados, verificou-se que, ao investigar se o fim do contrato foi levado em conta pelas partes ao determinar o conteúdo contratual, o interprete deverá analisar os indícios presentes no caso concreto, como (i) as circunstâncias que conduziram à contratação; (ii) as tratativas havidas entre as partes; (iii) as peculiaridades ou especificidades da prestação; (iv) o preço; (v) o prazo ou período de contratação; e (vi) as demais condições contratadas.

19. É possível, ainda, que as partes incluam de forma expressa no contrato a previsão de qual é a finalidade daquele negócio, sem criar deveres ou obrigações nesse sentido, tampouco prever qual será a consequência da impossibilidade de alcança-la.

20. Também é necessário para a aplicação do instituto que, embora o fim do contrato não seja mais atingível, a prestação permaneça possível.

21. É admissível, porém, que as partes, por meio do exercício de sua autonomia privada, façam com que a finalidade passe a integrar o objeto do contrato, transformando-a em obrigação contratual, o que levará à inaplicabilidade da teoria da frustração do fim do contrato.

22. Entende-se, de forma majoritária, que o evento que conduz à frustração do fim do contrato deve ser alheio à atuação das partes e não imputável à sua mora. A esse respeito, parcela da doutrina sustenta que é admissível que a frustração do fim do contrato seja invocada por uma das partes quando a contraparte tiver ocasionando o evento que tornou impossível o atingimento da finalidade contratual.

23. Questiona-se, entretanto, se a atuação culposa de uma das partes deve mesmo constituir óbice à aplicação da doutrina da frustração do fim do contrato ou se, ao revés, dever-se-ia admitir a ineficácia da relação – já que não é mais possível atingir o fim

do contrato – imputando-se ao contratante culpado o dever de indenizar sua contraparte.

24. Por fim, a doutrina controverte a respeito da exigência de que, para que o instituto da frustração do fim do contrato seja aplicável, o evento que impeça a satisfação da finalidade contratual seja extraordinário e imprevisível. Demonstrou-se as dificuldades que giram em torno da identificação dos eventos extraordinários e imprevisíveis e defendeu-se a sua prescindibilidade como requisito, tendo em vista que, não sendo mais possível atingir a finalidade do contrato, não há sentido na manutenção do vínculo, independentemente de se o evento que gerou tal impossibilidade era ou não imprevisível e extraordinário.

25. Por outro lado, se, por força de lei ou por meio do exercício da autonomia privada das partes, o risco de ocorrência do evento que vier a inviabilizar a concretização da finalidade contratual tiver sido imputado a algum dos contratantes, deve-se respeitar a referida alocação de risco.

SOBRE OS EFEITOS DA FRUSTRAÇÃO DO FIM DO CONTRATO:

26. À luz da doutrina estrangeira e pátria, verificou-se que não sendo mais possível atingir a finalidade do negócio, a relação obrigacional se torna ineficaz. Trata-se aqui de ineficácia *ex nunc* da relação, de modo que as partes serão liberadas do cumprimento de suas obrigações a partir do evento que conduziu à frustração, mantendo-se hígidas as prestações realizadas anteriormente.

27. Além disso, a perda superveniente de eficácia não deve atingir o contrato como um todo, mas apenas a relação obrigacional atingida pela frustração do fim do contrato. Mantém-se hígidos, também, os deveres heteronomamente impostos pela boa-fé objetiva.

28. Embora alguns autores sustentem a necessidade de reconhecimento da ineficácia por meio de sentença constitutiva, esta solução não parece adequada à luz do direito brasileiro. Em se tornando a finalidade do contrato inalcançável, a relação obrigacional resta, desde então, desprovida de sentido e eficácia,

CONCLUSÃO 135

de modo que eventuais disputas a esse respeito deverão ser resolvidas por decisão declaratória.

29. A legislação e jurisprudência inglesa e tedesca arquitetaram regras restitutórias com o objetivo de evitar o enriquecimento sem causa de uma das partes diante da frustração do fim do contrato. Nessa linha, no Brasil, essas circunstâncias são tuteladas à luz da vedação ao enriquecimento sem causa ou, como preferem alguns, da proibição ao enriquecimento injusto.

30. Para que haja pretensão restitutória decorrente do enriquecimento sem causa, impõe-se a concretização dos seguintes requisitos: (i) o enriquecimento de uma pessoa, seja por meio de aumento patrimonial, diminuição de passivo ou vantagem não patrimonial; (ii) o emprobrecimento de outra pessoa, que poderá consistir na diminuição de seu patrimônio ou em obstaculizar o seu aumento; (iii) que haja nexo de causalidade entre o enriquecimento à custa de outrem e o fato que gerou tal enriquecimento; e (iv) a ausência originária ou superveniente de justa causa para o enriquecimento.

31. Desse modo, caso uma prestação tenha sido realizada sem a respectiva contraprestação antes do evento que conduzir à impossibilidade de se alcançar o fim do contrato, o devedor será liberado de realizar a respectiva contraprestação, mas deverá restituir a prestação antes recebida, em razão da vedação ao enriquecimento sem causa que vigora no ordenamento jurídico brasileiro.

32. A princípio, não há que se falar em dever de indenizar decorrente da frustração do fim do contrato, em vista da ausência dos requisitos da responsabilidade civil.

33. Seria, entretanto, possível vislumbrar exceção a essa regra caso se admita a incidência da doutrina da frustração do fim do contrato quando a finalidade se tornar inalcançável em razão de evento causado pela atuação culposa de um dos contratantes, hipótese em que nasceria o dever de indenizar o contratante inocente pelos danos causados.

34. A questão se torna mais complexa quando se analisa a situação dos custos efetivamente incorridos por uma das partes para

o cumprimento do contrato, mas que não chegaram a verter benefícios ou enriquecimento para a contraparte, de modo que se afasta a solução da matéria por meio da aplicação dos artigos 884 e 885 do Código Civil.

35. Evidentemente, ideal seria contar com norma jurídica expressa que disciplinasse a distribuição dos custos na frustração do fim do contrato. Não obstante, diante da ausência de norma legal a esse respeito no ordenamento jurídico brasileiro, não se pode deixar o problema sem resposta. Daí a necessidade de um esforço interpretativo que busque solução adequada para tratar dos efeitos da frustração do fim do contrato nos diferentes casos concretos a que o instituto se aplica.

36. As experiências estrangeiras priorizam uma solução equitativa da matéria, tendo em vista, segundo alguns autores, que a frustração do fim do contrato é risco comum das partes. De modo similar, o legislador brasileiro prestigia soluções equitativas para situações de manifesta desproporção entre as partes em relações obrigacionais. Embora não se apliquem diretamente à hipótese fática objeto de estudo, tais dispositivos legais são indicativos do tratamento equitativo dado pelo Código Civil brasileiro a diferentes situações de desproporção econômica entre as partes, que revelam, em última análise, um afastamento do postulado da proporcionalidade nas relações obrigacionais.

37. Assim, diante da ausência de norma expressa deve-se prestigiar solução de repartição dos custos incorridos para a execução da prestação.

REFERÊNCIAS

ÁGUIAR JR., Ruy Rosado de. *Extinção dos contratos por incumprimento do devedor.* Rio de Janeiro: Aide, 1991.

_____. Extinção dos contratos. In: LOPEZ, Teresa Ancona; AGUIAR JÚNIOR, Ruy Rosado de (coord.). *Contratos empresariais: contratos de consumo e atividade econômica.* São Paulo: Saraiva, 2009. (Série GVlaw).

_____. In: TEIXEIRA, Sálvio de Figueiredo (coord.). *Comentários ao novo Código Civil,* v. VI, Tomo II. Rio de Janeiro: Editora Forense, 2011.

ALPA, Guido; BESSONE, Mario (coord.). *Causa e consideration.* Padova: Dott. A Milani, 1984.

ALVARENGA, Darlan e CARDILLI, Juliana. Por chuva, missa e vigília mudam de Guaratiba para Copacabana. *G1 Rio*, Rio de Janeiro, 25.01.2013. Disponível em: <http://g1.globo.com/jornada-mundial-da-juventude/2013/noticia/2013/07/missa-e-vigilia-sao-transferidas-de-guaratiba-para-copacabana-na-jmj.html>. Acesso em 20 jan. 2019.

ANDRADE, Darcy Bessone de Oliveira. *Do contrato.* Rio de Janeiro: Forense, 1960.

APARICIO, Juan Manuel. La frustración del fin del contrato. In: *Revista de Derecho Privado y comunitário*, 2014.1.Rubinzal-Culzoni Editores. p. 165-186.

ASCENÇÃO, José de Oliveira. Alteração das circunstâncias e justiça contratual no novo Código Civil. In: *Pensar*, v. 13, n. 1, Fortaleza, 2008. p. 7-20.

AZEVEDO, Antônio Junqueira de. Natureza jurídica do contrato de consórcio. Classificação dos atos jurídicos quanto ao número de partes e quanto aos efeitos. Os contratos relacionais. A boa-fé nos contratos relacionais. Contratos de duração. Alteração das circunstâncias e onerosidade excessiva. Sinalagma e resolução contratual. Resolução parcial do contrato. Função social do contrato. In: *Doutrinas Essenciais Obrigações e Contratos,* v. 6, jun. 2011.

_____. *Negócio jurídico: existência, validade e eficácia.* 4 Ed. São Paulo: Saraiva, 2010.

_____. Remissão interessada de dívida. Erro sobre o motivo determinante. Análise do negócio jurídico por suas bases subjetiva e objetiva. Frustração do fim do negócio jurídico e consequente enriquecimento sem causa. In: AZEVEDO, Antônio Junqueira de. *Novos ensaios e pareceres de direito privado.* São Paulo: Saraiva, 2009, páginas artigo.

BANDEIRA, Paula Greco. *Contratos Aleatórios no Direito Brasileiro*. Rio de Janeiro: Renovar, 2010.

BEALE, Hugh et al. *Case, materials and text on contract law*. Oxford: Oregon, 2010.

BETTI, Emilio. *Teoria generale del negozio giuridico*. Torino: Unione Tipográfico Editrice Torinese, 1952.

BEVILAQUA, Clovis. *Direito das Obrigações*. Rio de Janeiro: Editora Rio, 1977.

BIANCHI, Paula. Homem faz "banheiros do papa" em Guaratiba e perde R$ 10 mil sem Francisco. UOL, Rio de Janeiro, 28.01.2013. Disponível em: < https://noticias.uol.com.br/cotidiano/ultimas-noticias/2013/07/28/comerciantes-reclamam-de-prejuizos-com-o-cancelamento-da-vigilia-e-visita-do-papa-a-guaratiba.htm >. Acesso em 20 jan. 2019.

BODIN DE MORAES, Maria Celina. Notas sobre a promessa de doação. In: *Civilistica.com*. Rio de Janeiro, a. 2, n. 3, jul.-set./2013. Disponível em: < http://civilistica.com/notas-sobre-a-promessade-doacao/>. Acesso em: 04 jan. 2018.

BORGES, Nelson. *A teoria da imprevisão no direito civil e no processo civil* (com referências ao Código Civil de 1916 e ao novo Código Civil). São Paulo: Malheiros, 2002.

BOUÇAS, Danielle Fernandes; LEAL, Livia Teixeira. Condição e Autonomia Existencial: In: TEPEDINO, Gustavo e OLIVA, Milena Donato (coords.). *Teoria Geral do direito civil: questões controvertidas*. Rio de Janeiro: Fórum, 2018, p. 187-210.EISENBERG, Melvin A. *Impossibility, impracticability and frustration*. In: *Journal of Legal Analysis*, v. 1, No. 1, 2009, p. 207-261.

BURROWS, Andrew. *A casebook on contract*. 3 Ed. Oxford: Hart Publishing, 2011.

Carta de Curitiba. In: *RTDC*, v. 44, 2010, p. v-vi. Disponível em: < https://www.ibdcivil.org.br/volume/RTDC.Editorial.v.044.pdf >. Acesso em 20 jan. 2019.

COGO, Rodrigo Barreto. *A frustração do fim do contrato*. Rio de Janeiro: Renovar, 2012.

Coronations. Disponível em:<https://www.westminster-abbey.org/about-the-abbey/history/royalty/coronations/#>. Acesso em 03 jan. 2019.

COSTA, Mariana Fontes da. *Da alteração superveniente das circunstâncias*. Coimbra: Almedina, 2017.

COSTA, Mário Júlio de Almeida Costa. *Direito das obrigações*. 12 Ed., rev. e atual. Coimbra: Almedina, 2009.

COUTO E SILVA, Clóvis. *A obrigação como processo*. Rio de Janeiro: FGV, 2006.

DIDIER JR., Fredie. *Curso de direito processual civil*: introdução ao direito processual civil e processo de conhecimento, v. 1. 14 Ed. Salvador: Jus Podivm, 2012.

DÍEZ-PICAZO, Luis. Prefácio da obra SANZ, Vicente Espert. *La frustración del fin del contrato*. Madri: Editorial Tecnos, 1968.

DÍEZ-PICAZO, Luis. *Fundamentos del derecho civil patrimonial* – Vol. I. 6 Ed., Navarra: Civitas, 2007. p. 272

DINAMARCO, Cândido Rangel. *Instituições de direito processual civil*, v. 3. 6 Ed. São Paulo: Malheiros Editores, 2009.

DINIZ, Maria Helena. *Lei de introdução ao Código Civil brasileira interpretada*. 12 Ed. São Paulo: Saraiva, 2007.

FARNSWORTH, E. Allan et al. *Contracts – Cases and Material*. 4. Ed., Nova Iorque: Foundation Press, 2008.

FERRI, Giovanni Battista. *Causa e tipo nella teoria del negozio giuridico*. Milão: Dott. A. Giuffrè, 1966.

_____. Motivi, presupposizione e l'idea di meritevolezza. In: *Europa e diritto privato*, 1/2009, Milão: Giuffrè Editore, p. 331-378.

FRANTZ, Laura Coradini. *Revisão dos contratos*: elementos para sua construção dogmática. São Paulo: Saraiva, 2007.

FREYTES, Alejandro E. *La frustración del fin del contrato*. 2 Ed. Bogotá: Grupo Editorial Ibáñez, 2016.

GALLO, Paolo. *Sopravvenienza contrattuale e problemi di gestione del contrato*. Milão: Dott. A. Giuffrè Editore, 1992.

GHESTIN, Jacques; LOISEAU, Grégoire; SERINET, Yves-Marie. *Traité de droit civil*: les obligations, la formation du contrat, tome 2: l'objet et la cause; les nullités. 4 Ed. Paris: LGDJ, 2013.

GOLDBERG, Victor. *After Frustration: Three Cheers for Chandler v. Webster*. Nova Iorque: Columbia Law School Working Paper, 2010. Disponível em: <http://ssrn.com/abstract=1703123>. Acesso em: 28 set. 2018.

GOMES, Orlando. *Contratos*. 12 Ed., Rio de Janeiro: Forense, 1990.

_____. *Introdução ao direito civil*. Coordenador BRITO, Edvaldo. 19 Ed. rev. e atual., Rio de Janeiro: Forense, 2007.

_____. *Obrigações*. Coordenador BRITO, Edvaldo. 17 Ed. rev. e atual., Rio de Janeiro: Forense, 2008.

HAY, Peter. Frustration and its solution in German law. In: *The American Journal of Comparative Law*, v. 10, n. 4, 1961. p. 345-373.

HONDIUS, Ewoud e GRIGOLEIT, Hans Cristoph. *Unexpected circumstances in European Contract Law*. Cambridge: Cambridge University Press, 2011.

ITURRASPE, Jorge Mosset. La frustración del contrato. In: ITURRASPE, Jorge Mosset; FALCÓN, Enrique M.; PIEDECASAS, Miguel A. *La frustración del contrato y la pesificación*. Buenos Aires: Rubinzal-Culzoni, p. 15-236.

JUNQUEIRA, Thiago Villela. Os contratos aleatórios e os mecanismos de equilíbrio contratual. In: FIUZA, César Augusto de Castro; SILVA, Rafael Peteffi da; RODRIGUES JÚNIOR, Otávio (coord). *Direito Civil*. Florianópolis: CONPEDI, 2014. Disponível em: <http://www.publicadireito.com.br/artigos/?cod=680ee49e28834678>. Acesso em: Acesso em: 04 jan. 2018. p. 246-273.

KILEY, Roger. The doctrine of frustration. In: *American Bar Association Journal*, v. 46, n. 12, Dezembro, 1960, p. 1292-1294.

KONDER, Carlos Nelson. Causa do contrato x função social do contrato: estudo comparativo sobre o controle da autonomia negocial. In: *Revista Trimestral de Direito Civil*, v. 43, Julho/Setembro, 2010, p. 33-75.

LARENZ, Karl. *Base del negocio jurídico y cumplimiento de los contratos*. Madrid: Editora Revista de Derecho Privado, 1956.

LIRA, José-Ricardo Pereira. A onerosidade excessiva no código civil e a impossibilidade de modificação judicial dos contratos comutativos sem anuência do credor. In: *Revista de Direito Renovar*, v. 44-45, 2009. Disponível em: <http://www.loboeibeas.com.br/archives/1747>. Acesso em 23 mai. 2017.

LOPES, Miguel Maria de Serpa. *Curso de direito civil*: v. 2 (obrigações em geral). 2 Ed. Rio de Janeiro: Freitas Bastos, 1954.

LOPES, Miguel Maria de Serpa. *Curso de direito civil*: dos contratos em geral, v. 3, parte primeira. 2 Ed. Rio de Janeiro: Freitas Bastos, 1954.

LORENZ, Werner. Contract modification as a result of change of circumstances. In: BEATSON, Jack; FRIEDMANN, Daniel (coord). *Good Faith and Fault in Contract Law*. Oxford: Oxford University Press, 1995, p. 357-376.

MACHADO, João Baptista. Risco contratual e mora do credor (risco da perda do valor-utilidade ou do rendimento da prestação e de desperdício da capacidade de prestar vinculada). In: *Obra dispersa*, v. I (MACHADO, João Baptista). Braga: Scientia Iuridica, 1991.

MARKESINIS, Basil S. et al. *The German Law of Contract*. 2 Ed. Oxford: Hart Publishing, 2006.

MARTINS-COSTA, Judith. A Teoria da Causa em Perspectiva Comparativista: A Causa no Sistema Civil Francês e no Sistema Civil Brasileiro.In: *Revista Ajuris*, v. 45, Porto Alegre, 1989, páginas artigo.

_____. Contratos de derivativos cambiais. Contratos aleatórios. Abuso de direito e abusividade contratual. Boa-fé objetiva. Dever de informar e ônus de se informar. Teoria da imprevisão. Excessiva onerosidade superveniente. In: *Revista de Direito Bancário e do Mercado de Capitais*, v. 55. Disponível na data-base eletrônica da Revista dos Tribunais.

_____. In: TEIXEIRA, Sálvio de Figueiredo (coord). *Comentários ao novo Código Civil*, v. V, Tomo II. 2 Ed. Rio de Janeiro: Editora Forense, 2009.

MELO, Marco Aurélio Bezerra de. *Curso de direito civil*, v. III, direito dos contratos, tomo I. São Paulo: Atlas, 2015.

MENEZES CORDEIRO, António Manuel da Rocha e. *Da boa fé no direito civil*. 2. Reimpressão. Coimbra: Livraria Almedina, 2001.

_____. Modernização do direito das obrigações. In: *Revista da Ordem dos Advogados de Portugal*, v. II, abr./2002. Disponível em: < http://www.oa.pt/Conteudos/Artigos/detalhe_artigo.aspx?idc=31559&idsc=13744&ida=13767>. Acesso em: 05 nov. 2018.

MIRANDA, Francisco Cavalcanti Pontes de. *Tratado de Direito Privado*, t. XXV. Atualizado por NERY JR. Nelson; NERY, Rosa Maria de Andrade. São Paulo: Revista dos Tribunais, 2012.

_____. *Tratado de Direito Privado*, t. V. Rio de Janeiro: Borsoi, 1954.

_____. *Tratado de Direito Privado*, t. XXIII. Atualizado por NERY JR. Nelson; NERY, Rosa Maria de Andrade. São Paulo: Revista dos Tribunais, 2012.

MONTEIRO FILHO, Carlos Edison do Rêgo. *Responsabilidade Contratual e Extracontratual: contrastes e convergências no direito civil contemporâneo*. Rio de Janeiro: Processo, 2016.

_____. Usucapião imobiliária urbana independente de metragem mínima: uma concretização da função social da propriedade. *Revista Brasileira de Direito Civil*: v. 2, out./dez. 2014. p. 9-27.

_____.; RITO, Fernanda Paes Leme Peyneau. *Fontes e evolução do princípio do equilíbrio contratual*. In: *Pensar*, v. 21, n. 2. Fortaleza: 2016.

MORAES, Maria Celina Bodin de. A caminho de um direito civil constitucional. In: *Revista Estado, Direito e Sociedade*, v. I, 1991. Disponível em: <http://egov.ufsc.br:8080/portal/sites/default/files/anexos/15528-15529-1-PB.pdf>. Acesso em: 28 set. 2018.

_____. A causa dos contratos. In: MORAES, Maria Celina Bodin de. *Na medida da pessoa humana – Estudos de Direito Civil-Constitucional*. Rio de Janeiro: Renovar, 2010. p. 289-342.

_____. O procedimento de qualificação dos contratos e a dupla configuração do mútuo no direito civil brasileiro. In: *Revista Forense*, v. 309, 1990. p. 33-61.

MORELLO, Augusto M. *Ineficacia y frustración del contrato.* La Plata: Editora Platense – Abeledo Perrot, 1975.

NALIN, Paulo. A força obrigatória dos contratos no brasil: uma visão contemporânea e aplicada à luz da jurisprudência do superior tribunal de justiça em vista dos princípios sociais dos contratos. In: *Revista Brasileira de Direito Civil,* v. 1, Jul./Set. 2014, p. 111-134.

NANNI, Giovanni Ettore. *Enriquecimento sem causa.* 2 Ed. São Paulo: Saraiva, 2010.

NANNI, Giovanni Ettore. Frustração do fim do contrato: análise de seu perfil conceitual. *Revista Brasileira de Direito Civil – RBDCivil,* Belo Horizonte, v. 23, jan./mar. 2020.

NEVES, José Roberto de Castro. *Direito das obrigações.* Rio de Janeiro: GZ Editora, 2008.

_____. O enriquecimento sem causa: dimensão atual do princípio do direito civil. In: *Princípios do direito civil contemporâneo* (coord. MORAES, Maria Celina Bodin de). Rio de Janeiro: Renovar, 2006.

NORONHA, Fernando. *O direito dos contratos e seus princípios fundamentais.* São Paulo: Editora Saraiva, 1994.

PENNAZIO, Rossana. La presupposizione tra sopravvenienza ed equilibrio contrattuale. In: *Rivista trimestrale di diritto e procedura civile,* Ano LX, n. 1, 2006, p. 673-691.

PEREIRA, Caio Mário da Silva. *Instituições de Direito Civil,* v. I., 27 Ed. Rio de Janeiro: Forense, 2014.

_____. *Instituições de direito civil,* v. III. 16 Ed. Rio de Janeiro: Forense, 2012.

_____. *Instituições de Direito Civil,* v. III. 12 Ed. Rio de Janeiro: Forense, 2005.

PERLINGIERI, Pietro. *Il diritto dei contratti fra persona e mercato – Problemi del diritto civile.* Nápoles: Edizioni Scientifiche Italiane, 2003. p. 429-430

_____. *Manuale di diritto civile.* 4 Ed. Nápoles: Edizioni Scientifiche Italiane, 2005.

_____. *O direito civil na legalidade constitucional.* Rio de Janeiro: Renovar, 2008.

PINHO, Humberto Dalla Bernardina de; STANCATI, Maria Martins Silva. A ressignificação do princípio do acesso à justiça à luz do art. 3º do CPC/2015. In. *Doutrinas Essenciais – Novo Processo Civil,* v. 1/2018.

RODRIGUES, Silvio. *Direito Civil,* v. 2. 30 Ed., São Paulo, Editora Saraiva: 2002.

_____. *Direito Civil,* v. 3. 28 Ed. São Paulo: Saraiva, 2002.

ROPPO, Enzo. *O Contrato.* Coimbra: Almedina, 1988.

RÖSLER, Hannes. Change of Circumstances. In: *The Max Planck Encyclopedia of European Private Law.* Oxford: Oxford University Press, 2012, p. 163-167.

_____. Hardship in German Codified Private Law – In Comparative Perspective to English, French and International Contract Law. In: *European Review of Private Law*, v. 15, n. 4, 2007. p. 486-513

SANZ, Vicente Espert. *La frustración del fin del contrato*. Madri: Editorial Tecnos, 1968.

SCHREIBER, Anderson. *Equilíbrio contratual e dever de renegociar*. São Paulo: Saraiva Educação, 2018.

_____. *Manual de direito civil contemporâneo*. São Paulo: Saraiva Educação, 2018.

_____. *Novos paradigmas da responsabilidade civil*: da erosão dos filtros da reparação à diluição dos danos. 6 Ed. São Paulo: Atlas, 2015.

_____. A tríplice transformação do adimplemento: adimplemento substancial, inadimplemento antecipado e outras figuras. In: *Revista Trimestral de Direito Civil*, v. 8, n. 32, out./dez. 2007. Disponível em: <http://www.andersonschreiber.com.br/downloads/A_Triplice_Transformacao_do_Adimplemento.pdf>. Acesso em 10 jan. 2019.

SCHUNCK, Guiliana Bonanno. Onerosidade excessiva e contratos aleatórios. In: *Revista de Direito Civil Contemporâneo*, v. 05, Out-Dez 2015. p. 83-96.

SCHWARTZ, Andrew A. A 'standard clause analysis' of the frustration of doctrine and the material adverse change clause. In: *57 UCLA L. Rev. 789 (2010)*. Disponível em: < https://scholar.law.colorado.edu/articles/451/>. Acesso em: 28 set. 2018.

SERRA, Adriano Paes da Silva Vaz. Resolução ou modificação dos contratos por alteração das circunstâncias. In: *Boletim do Ministério da Justiça*, v. 68, jul. 1957.

SILVA, Rodrigo da Guia. *Enriquecimento sem causa*: as obrigações restitutórias no direto civil. São Paulo: Thomson Reuters Brasil, 2018.

SOUZA, Eduardo Nunes de. Função negocial e função social do contrato: subsídios para um estudo comparativo. In: *Revista de direito privado*, v. 54, 2013.

_____. SILVA, Rodrigo da Guia. Resolução contratual nos tempos do novo coronavírus. In: *Migalhas Contratuais*. Disponível em: <https://www.migalhas.com.br/coluna/migalhas-contratuais/322574/resolucao-contratual-nos-tempos-do-novo-coronavirus>. Acesso em: 08.04.2020.

STIGLITZ, Rubén. *Objeto, causa y frustración del contrato*. Buenos Aires: Depalma, 1992.

TEIXEIRA, Ana Carolina Brochado e KONDER, Carlos Nelson. Situações jurídicas dúplices: controvérsias na nebulosa fronteira entre patrimonialidade e extrapatrimonialidade. In: *Diálogos sobre direito civil*: v. III (coord. TEPEDINO, Gustavo e FACHIN, Luiz Edson). Rio de Janeiro: Renovar, 2012.

TEPEDINO, Gustavo. In: TEIXEIRA, Sálvio de Figueiredo (coord). *Comentários ao novo Código Civil*, v. X. Rio de Janeiro: Editora Forense, 2010.

_____. Normas constitucionais e direito civil na construção unitária do ordenamento. In: TEPEDINO, Gustavo. *Temas de Direito Civil*. t. III. Rio de Janeiro: Renovar, 2006.

_____. Notas sobre a função social dos contratos. In: TEPEDINO, Gustavo; FACHIN, Luiz Edson (Coord.). *O direito e o tempo*: embates jurídicos e utopias contemporâneas. Rio de Janeiro: Renovar, 2008.

_____.; BARBOZA, Heloisa Helena; MORAES, Maria Celina Bodin de. *Código Civil Interpretado conforme a Constituição da República*, v. I. 3 Ed. Rio de Janeiro: Renovar, 2014.

TERRA, Aline de Miranda Valverde. A questionável utilidade da violação positiva do contrato no direito brasileiro. In: *Revista de Direito do Consumidor*, v. 101/2015, p. 181-205.

_____. *Cláusula resolutiva expressa*. Belo Horizonte: Fórum, 2017.

_____. *Inadimplemento anterior ao termo*. Rio de Janeiro: Renovar, 2009.

_____.; BANDEIRA, Paula Greco Bandeira. A cláusula resolutiva expressa e o contrato incompleto como instrumentos de gestão de risco nos contratos. In: *Revista Brasileira de Direito Civil*, v. 06, n. 04, 2015, p. 9-25.

THEODORO JÚNIOR, Humberto. In: TEIXEIRA, Sálvio de Figueiredo (coord). *Comentários ao novo Código Civil*, v. III, Tomo I. 2 Ed. Rio de Janeiro: Editora Forense, 2003.

TREITEL, Sir Guenter. *Frustration and force majeure*. 3 Ed., Londres: Thomson Sweet & Maxwell, 2014.

URIBE, Rodrigo Momberg. *The effect of a change of circumstances on the binding force of contracts*. Cambridge: Intersentia, 2011.

WICKER, Guillaume. La suppression de la cause et les solutions alternatives. In: SCHULZE, Reiner et al. (coords.). *La reforme du droit des obligations em France – 5èmes journées franco-allemandes*. Paris: Société de Législation Comparée, 2015. p. 107-149.

WINDSCHEID, Bernhard. *Die Lehre des römischen Rechts von der Voraussetzung*. Dusseldorf: Buddeus, 1850.

ZIMMERMANN, Reinhard. *The new German law of obligations*. Oxford: Oxford University Press, 2005.

_____. *The law of obligations – roman foundations of the civilian tradition*. 2. Reimpressão. Cidade do Cabo: Juta & Co., 2006.

… REFERÊNCIAS 145

Documentos Jurídicos

ALEMANHA. *Código Civil*. Disponível em:<http://www.fd.ulisboa.pt/wp-content/uploads/2014/12/Codigo-Civil-Alemao-BGB-German-Civil-Code-B-GB-english-version.pdf>. Acesso em: 10 out. 2018.

ARGENTINA. XIII Jornadas Nacionales de Derecho Civil, Buenos Aires, Comisión n° 3, Contratos: Frustración del fin del contrato, II.b.

BRASIL. Superior Tribunal de Justiça. *REsp 48176/SP*. Relator: Eduardo Ribeiro. Julgamento: 12.12.1995

ESTADOS UNIDOS. 20th Century Lites, Inc. v. Goodman, 64 Cal. App. 2d 938 (Cal. Ct. App. 1944). Disponível em: <https://casetext.com/case/20th-century-lites-inc-v-goodman>. Acesso em 14 dez. 2018.

ESTADOS UNIDOS. Industrial D. L. Co. v. Goldschmidt, Court of Appeal of California, Second District, Division One, 56 Cal. App. 507 (Cal. Ct. App. 1922). Disponível em: <https://casetext.com/case/industrial-d-l-co-v-goldschmidt>. Acesso em: 05 dez. 2018.

ITÁLIA, Corte Suprema di Cassazione, Seconda Civile, Sentenza n. 31629, Rel. Picaroni Elisa, j. 06.12.2018.

ITÁLIA, Corte Suprema di Cassazione, Seconda Civile, Sentenza n. 31629, Rel. Picaroni Elisa, j. 06.12.2018.

ITÁLIA, Corte Suprema di Cassazione, Sesta Civile, Ordinanza n. 30734, Rel. Grasso Giuseppe, j. 04.10.2018.

ITÁLIA, Corte Suprema di Cassazione, Unite Civile, Sentenza n. 9909, Rel. D'Ascola Pasquale, j. 20.04.2018.

ITÁLIA, Corte Suprema di Cassazione, Unite Civile, Sentenza n. 9909, Rel. D'Ascola Pasquale, j. 20.04.2018.

INGLATERRA. Chandler v Webster [1904] 1 KB 493. Disponível em: < http://www.lawandsea.net/List_of_Cases/C/Chandler_v_Webster_1904_1_KB_493.html>. Acesso em: 28 set. 2018.

INGLATERRA. Davis Contractors Ltd. v. Fareham Urban District Council [1956] AC 696, House of Lords. Disponível em: <https://www.trans-lex.org/311200/_/davis-contractos-ltd-v%C2%A0fareham-urban-district-council%C2%A0%5B1956%5D-ac-696//>. Acesso em: 10 out. 2018.

INGLATERRA. Fibrosa Spolka Akcyjna v Fairbairn Lawson Combe Barbour, Ltd. [1943] A.C. 32. Disponível em: <https://h2o.law.harvard.edu/text_blocks/664>. Acesso em: 28 set. 2018.

INGLATERRA. *Law Reform (Frustrated Contracts) Act 1943*. Disponível em: < http://www.legislation.gov.uk/ukpga/Geo6/6-7/40/section/1>. Acesso em: 28 set. 2018.

INGLATERRA. Herne Bay Steam Boat Co. v. Hutton [1903] 2 KB 68. Disponível em: <http://www.lawandsea.net/List_of_Cases/H/HemeBaySteam_v_Hutton_1903_2_KB_683.html>. Acesso em: 28 set. 2018.

INGLATERRA. Krell v. Henry (1903) 2 K.B. 740, Court of Appeal. Disponível em: <https://www.trans-lex.org/311100>. Acesso em: 21 set. 2018.

MATO GROSSO DO SUL. Tribunal de Justiça do Mato Grosso do Sul. *AC 2007.034661-5*. Relator: Oswaldo Rodrigues de Melo. Julgamento: 01.12.2003. Órgão Julgador: Terceira Turma Cível.

SANTA CATARINA. Tribunal de Justiça de Santa Catarina. *AC 1998.008664-7*, Relator: Trindade dos Santos. Julgamento: 30.08.2001. Órgão Julgador: Segunda Câmara de Direito Comercial.

SÃO PAULO, Tribunal de Justiça de São Paulo. *AC 0240371-07.2009.8.26.0002*. Relator: Hamid Bdine. Julgamento: 10.09.2014. Órgão Julgador: Vigésima Nona Câmara de Direito Privado.

SÃO PAULO, Tribunal de Justiça de São Paulo. *AC 0039109-66.2009.8.26.0564*. Relator: Ruy Coppola. Julgamento: 27.04.2017. Órgão Julgador: Vigésima Quinta Câmara de Direito Privado.

SÃO PAULO, Tribunal de Justiça de São Paulo. *AC 0061241-41.2011.8.26.0114*. Relator: Edgar Rosa. Julgamento: 07.08.2017. Órgão Julgador: Vigésima Sétima Câmara de Direito Privado.